Stefan Albrecht

Unsicherheit in lokalen Netzen

I0013954

Stefan Albrecht

Unsicherheit in lokalen Netzen

Diplom.de

Bibliografische Information der Deutschen Nationalbibliothek:

Bibliografische Information der Deutschen Nationalbibliothek: Die Deutsche
Bibliothek verzeichnet diese Publikation in der Deutschen Nationalbibliografie;
detaillierte bibliografische Daten sind im Internet über http://dnb.d-nb.de/ abrufbar.

Copyright © 1996 Diplomica Verlag GmbH
Druck und Bindung: Books on Demand GmbH, Norderstedt Germany
ISBN: 978-3-8386-5271-9

http://www.diplom.de/e-book/220839/unsicherheit-in-lokalen-netzen

Stefan Albrecht

Unsicherheit in lokalen Netzen

Diplomarbeit
an der Technischen Universität Dresden
Fachbereich Informatik
November 1996 Abgabe

Diplom.de

Diplomica GmbH
Hermannstal 119k
22119 Hamburg

Fon: 040 / 655 99 20
Fax: 040 / 655 99 222

agentur@diplom.de
www.diplom.de

ID 5271
Albrecht, Stefan: Unsicherheit in lokalen Netzen / Stefan Albrecht - Hamburg: Diplomica GmbH, 2002
Zugl.: Dresden, Technische Universität, Diplom, 1996

Diplomica GmbH
http://www.diplom.de, Hamburg 2002
Printed in Germany

Inhaltsverzeichnis

Abbildungsverzeichnis

Tabellenverzeichnis

Kapitel 1

Einführung - Unsicherheit in Datennetzen

Heutige EDV-Umgebungen sind vernetzt. Computer werden kaum noch autark betrieben. Neben den zahlreichen Vorteilen wie Ressourcenteilung, Erleichterung der Gruppenarbeit und anderen lassen sich jedoch auch bestimmte Nachteile nicht übersehen:

- **Administrationsnotwendigkeit**

  Im allgemeinen entsteht durch Computervernetzung ein höherer Bedarf an Administration. Je nach Netzgröße und in Abhängigkeit von den verwendeten Systemen werden hierbei ein oder mehrere Administrator(en) zur Verwaltung benötigt. Hierbei entstehender Aufwand richtet sich nach der Anzahl verwendeter Systeme und ihrer Heterogenität[1], Anzahl der Netznutzer und zum Beispiel auch nach Komplexität eingesetzter Softwaresysteme. Als empirischer Richtwert kann gelten, daß pro 5-10 Netznutzer ein Vollzeitadministrator notwendig wird.

- **Ausbildung der Nutzer**

  Ein vernetzter Computer erfordert vom Nutzer ein gewisses Verständnis für die Zusammenhänge und den Aufbau des Netzwerks. Demzufolge ist in der Regel bei Einführung des Netzwerks eine kostenintensive Nutzerschulung notwendig.

- **Datensicherheit und Vertraulichkeit**

  Durch die Vernetzung ergeben sich Einschränkungen bezüglich Datensicherheit und Vertraulichkeit gegenüber abgeschlossenen Computersystemen ohne Netzverbindung.

Diese Arbeit beschäftigt sich mit verschiedenen Aspekten des dritten Punktes. Speziell wird im Zusammenhang mit lokaler Vernetzung (LAN[2]) und am Beispiel von Computern mit UNIX-Betriebssystem, die mittels TCP/IP kommunizieren, auf Schwachpunkte eingegangen. Die TCP/IP-Protokollsuite ist

---

[1] Also der Verschiedenheit eingesetzter Protokolle und Betriebssysteme in einem Netz.
[2] Local Area Network; Zu Abkürzungen siehe auch Anhang A

zweifelsohne eine der am häufigsten eingesetzten Protokollfamilien im LAN-Bereich[3] wie auch im Bereich der Weitverkehrsnetze (WAN)[4].

Schwächen in diesem Bereich sind teilweise relativ lange bekannt und wurden ausgenutzt. Bekannt wurde der sogenannte Internet-Virus, der 1988 zahlreiche Computer in den USA attackierte [EICHIN]. Immer subtilere Angriffe waren und sind an der Tagesordnung [STOLL][CHESWICK].

Angesichts der derzeitigen Entwicklung und Aktualität in den Bereichen Internet[5] und Intranet[6] wurde dieser Bereich für praktische Demonstrationen ausgewählt.

Die aufgrund der Relevanz des Themas sehr umfangreiche Literatur wird im Rahmen der Arbeit systematisch ausgewertet, wobei vor allem Standards und Standardentwürfe auf diesem Gebiet betrachtet werden sollen. Außerordentlich umfangreich ist weiterhin der Fundus an freier Software, die sowohl im Zusammenhang mit Angriffsmöglichkeiten als auch zur Bekämpfung und Erkennung von Angriffen im weitesten Sinne verwendet werden kann. Ausgewählte Pakete wurden getestet, genutzt und analysiert.

Hauptziel der Arbeit sollen Systematisierung der Schwachstellen, Angriffspunkte und -techniken sowie des zum Angriff benötigten Aufwandes sein. Weiterhin werden Gegenmaßnahmen, deren Wirksamkeit und auch ihre Grenzen aufgezeigt. Letztendlich sollen allgemeingültige Aussagen bezüglich des gegenwärtigen Sicherheitsstandes von lokalen Netzwerken getroffen werden.

---

[3] Wahrscheinlich neben der IPX/SPX-Suite der Fa.NOVELL.

[4] Wide Area Network

[5] Weltweite Vernetzung von Servern auf TCP/IP-Basis. Um Mißverständnisse zu vermeiden, wird im Falle des weltweiten Netzes vom "Internet" die Rede sein. Handelt es sich um das Protokoll an sich, werden die Begriffe "IP" oder "Internet Protokoll" verwendet.

[6] Lokale Vernetzung mittels TCP/IP mit Schwerpunkt auf effizienter lokaler Informationsverbreitung durch World Wide Web-Server

Kapitel 2

Klassifizierung von Unsicherheit und Angriffen

Angriffe auf Rechnersysteme und Netzwerke lassen sich nach bestimmten Kriterien klassifizieren. In der Literatur wurde schon sehr früh damit begonnen, Unsicherheit zu systematisieren. Die folgende Einteilung orientiert sich stark an [VOYDOCK] aus dem Jahre 1983.

Zunächst kann nach dem Merkmal der Einflußnahme des Angreifers unterschieden werden:

- **Passiver Angriff:** Es erfolgt keine Modifikation bezüglich Datenverkehr, Daten und/oder daran beteiligter Rechner durch den Angreifer.

  Angriffe dieser Art lassen sich relativ einfach darstellen:

  - Abhören des Rechners oder des Übertragungskanals
  - Statistische Analyse des Datenverkehrs zwischen verschiedenen Teilnehmern, zum Beispiel Teilnehmer A kommuniziert häufiger mit Teilnehmer C als mit Teilnehmer D, um daraus etwa favorisierte Angriffsziele für aktive Attacken festzustellen.

  Die Erkennung durch den Angegriffenen ist in aller Regel schwierig oder unmöglich.

  Eine effektive Verhinderung kann durch Verschlüsselung des Datenverkehrs erreicht werden.

- **Aktiver Angriff:** Es erfolgt eine Veränderung mit Einflußnahme auf Datenverkehr, Daten und/oder daran beteiligter Rechner durch den Angreifer.

  Der aktive Angriff dürfte im Zentrum des Interesses stehen und stellt auch bei den durchgeführten praktischen Untersuchungen einen Schwerpunkt dar. Es lassen sich weitaus mehr Differenzierungen finden, wie man Tabelle 2.1 entnehmen kann.

3

	Nachricht
Modifikation:	Authentizitätsverletzung
	Integritätsverletzung
	Reihenfolgeverletzung
Empfangsverhinderung:	Verwerfen
	Verzögern
falscher Verbindungsaufbau:	Wiederholung eines
	echten Verbindungsaufbaus
	Verbindungsaufbau unter
	falscher Identität

Tabelle 2.1: Aktive Angriffstechniken

Im Rahmen der internationalen Standardisierung wurden ebenfalls relativ früh bestimmte, allgemein anerkannte Festlegungen getroffen, von denen die wichtigsten in den folgenden Abschnitten betrachtet werden.

2.1 ISO-Sicherheitsarchitektur 7498-2

Im Zusammenhang mit Aufstellung des ISO[1]-Standards IS 7498, der das sogenannte OSI[2]-7-Schichten-Modell zur Beschreibung einer Protokollarchitektur zur Kommunikation offener Systeme einführt, wurde im Abschnitt IS 7498-2 die ISO-Sicherheitsarchitektur erstellt [ISO7498-2].

Es werden 5 grundlegende Sicherheitsfunktionen definiert:

- Zugriffskontrolle (Access Control)
- Authentifizierung (Authentication)
- Vertraulichkeit der Daten (Data Confidentiality)
- Datenintegrität (Data Integrity)
- Verbindlichkeit der Übertragung (Non-repudiation)

Abbildung 2.1 gibt an, in welchen Schichten die Funktionen implementiert werden *können*, es handelt sich nicht um ein Erfordernis laut Standard.

Der Hauptmangel der ISO-Darstellung ist in ihrem Alter zu sehen. Während zur Zeit der Erstellung hauptsächlich paketvermittelte und Weitverkehrsnetze (WAN) betrachtet wurden, hat sich mit der fortschreitenden Entwicklung ein Defizit insbesondere bei Sicherheitsfunktionen in OSI-Schicht 2 (Data Link Layer) gezeigt [IEEE802.10]. Generell wurden lokale Netzwerktechniken zeitlich erst später als der 7498-Standard definiert. Somit konnten entsprechende neu aufkommende Bedrohungen noch nicht in Betracht gezogen werden.

[1] International Standards Organization
[2] Open Systems Interconnection

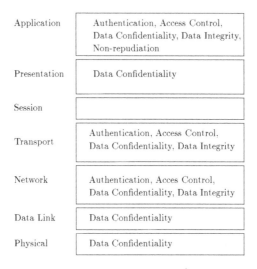

Application	Authentication, Access Control, Data Confidentiality, Data Integrity, Non-repudiation
Presentation	Data Confidentiality
Session	
Transport	Authentication, Access Control, Data Confidentiality, Data Integrity
Network	Authentication, Acces Control, Data Confidentiality, Data Integrity
Data Link	Data Confidentiality
Physical	Data Confidentiality

Abbildung 2.1: ISO 7498-2 Umsetzung der Sicherheitsfunktionen im Schichtenmodell [IEEE802.10]

2.2 DoD-"Orange Book" und "Red Book"

Als "Orange-Book" wird der US-Standard CSC-STD-001-83 "Department of Defense Trusted Computer System Evaluation Criteria" aus dem Jahre 1983 bzw. die verbesserte Version DoD 5200.28-STD aus dem Jahre 1985 bezeichnet. Der Standard dient primär zur Klassifizierung von Rechnersystemen nach dem Merkmal der Verarbeitung vertrauenswürdiger Daten und deren Sicherheit. Übergreifend werden Hersteller und Ihre Produkte adressiert, eine entsprechende Einordnung und Evaluierung nach dem Standard vorzunehmen. Der Standard ist allgemein und nicht nur für das US-Militär anerkannt. Gängige Produkte werden einer Skala von D (minimale Sicherheit) bis A (maximale, formal verifizierte Sicherheit) unterworfen (siehe Tabelle 2.3!).

Betrachtet werden jeweils die sicherheitsrelevanten Teile eines Systems, die als "Trusted Computing Base" (TCB) bezeichnet werden. Die Sicherheit eines Systems wird in Stufen hierarchisch betrachtet. Von Stufe D zu Stufe A müssen die Voraussetzungen der jeweiligen Vorstufe erfüllt werden. Zusätzlich müssen die für die Stufe relevanten Forderungen durch das System bestätigt werden. Das heißt zum Beispiel, daß ein System nach C1 zusätzlich zu Auditing und Accounting die individuelle Zugangskontrolle realisieren muß. Der Standard greift der wissenschaftlichen Entwicklung teilweise voraus, es werden Anforderungen gestellt, die bislang nicht erfüllt werden konnten [DOD1]. Demzufolge finden sich in der Praxis kaum Systeme, die eine stärkere Sicherheit bieten als Class

C oder B1 spezifiziert. Insbesondere sind durchweg formale Entwurfsverifikati-
on und umfassende mathematische Beweise aufgrund der zum Beispiel einem
Betriebssystem innewohnenden Komplexität schwer durchzuführen. Das hier
verwendete System LINUX zum Beispiel ließe sich nach Ansicht des Autors in
Klasse C maximal einordnen, hauptsächlich aufgrund fehlender systematischer
Testreihen zu Sicherheitsfragen sowie seiner relativen Offenheit in Bezug auf
breite Änderungsmöglichkeiten am Quellcode.

In der Regel steht eine Erhöhung der Sicherheit eines Systems in direkter
Relation zu:

- **Flexibilität** - Sicherheit erfordert gewisse mehr oder weniger starre Regeln, die den Nutzer einschränken und ihn in seiner Handlungsfreiheit im
  System begrenzen.

- **Kosten des Systems** - Aufgrund Mehraufwand bei Spezifikation, Implementierung und Tests entstehen signifikant höhere Kosten bei der Pro-
  duktion von Software.

- **Performance** - Sicherheit beeinträchtigt die Leistung eines Systems. Aufgrund notwendiger Vergleiche von zusätzlichen Merkmalen der systembe-
  herrschenden Objekte und Subjekte je nach Granularität dauern Aktionen länger als ohne Sicherheitsprüfungen. Je feiner die Granularität der
  Sicherheitsprüfungen ist, desto mehr wird die Performance eines Systems
  geschmälert.

- **Administrationsaufwand** - Hohe Sicherheitsanforderungen erfordern
  eine ständige Kontrolle und Durchsetzung der Sicherheitspolitik durch
  den Systemverwalter. Desweiteren muß eine ständige Überwachung des
  Accounting und Auditing erfolgen.

Der Standard ist, wenn das Datum seiner Erstellung berücksichtigt wird, in
seiner Ausführung umfassend und als konsistent zu werten. Eingeführte Begrifflichkeiten[3], wie "Referenzmonitor" oder "Single-Level/Multi-Level" werden
nicht nur definiert, sondern auch in praktischen Bezug zu den geforderten Eva-
luierungen und Tests gebracht. Andererseits sind bestimmte Forderungen aus
Sicht des Autors als selbstverständlich zu sehen. Im konkreten Falle wird zum
Beispiel wohl immer ein vertrauenswürdiges, selektiertes Team innerhalb einer
vertrauenswürdigen Umgebung ein sicherheitsrelevantes System herstellen. Es
besteht also nicht erst im "Beyond Class A"-Sektor diese Notwendigkeit.

Als "Red Book" wird das Dokument NCSC-TG-005, herausgegeben vom
US-NCSC (National Computer Security Center) im Jahre 1987, bezeichnet.
Beschrieben wird die Anwendung des DoD 5200.28-STD ("Orange Book") auf
Computernetzwerke ("INTERPRETATION of the TCSEC for networks"

---

[3]Um Mißverständnisse zu vermeiden, werden in dieser Arbeit durchweg Begriffe, soweit
nicht eindeutig genug oder anerkannt übersetzbar im Original übernommen. Teilweise werden
Original und dt. Übersetzung zusammen angegeben.

[DOD2]). Das Dokument erweitert die Kriterien auf Systeme (hier: Network Trusted Computing Base (NTCB)), die durch "communication channels or I/O devices" im Sinne des "Orange Book" verbunden sind. Teil I wendet die in DoD 5200.28-STD eingeführten Begrifflichkeiten auf Netzwerke an und ist eine recht ausführliche Interpretation. Teil II führt eine qualitative Evaluierung von Services innerhalb einer Skala von "none" bis "good" ein. Generell ist der empirisch fundierte Teil II praxisorientierter als der eher theoretische Teil I. Tabelle 2.2 gibt einen zusammenfassenden Überblick zu den im Teil II betrachteten Unsicherheitsmerkmalen [DOD2].

Merkmal	Einflußnahme
Authentication (Authentifizierung)	Maskerade , Authentizität der Datenquelle, Verbindungswiederholung
Communications Field Integrity (Datenintegrität)	Datenmodifikation (PDU), Hard-/Software-fehler, Abhören des Übertragungskanals
Non-repudiation (Eindeutigkeit des Datenverkehrs)	Verbindlicher Nachweis der Datenübertragung (Sendung + Empfang)
Denial of Service (Dienstverfügbarkeit)	Uneingeschränkte Kommunikationsverfügbarkeit
Continuity of Operations (Kontinuierliche Verfügbarkeit)	Redundanz im Netzwerk (Zusätzliche Knoten usw.), Hard-/Softwareverfügbarkeit (Fehlertoleranz)
Protocol Based Denial of Service (Protokollorientierte Dienstverfügbarkeit)	Durchsatzminderung, Time-Out-Probleme
Network Managment (Netzwerk Managment)	Kapazitätsüberschreitung, Daten-überflutung, Übertragungskanal-störungen
Compromise Protection (Kompromittierungs-schutz)	Datenvertraulichkeit, Verkehrsflußvertraulichkeit, Routing-beeinflussung

Tabelle 2.2: Unsicherheitsmerkmale nach NCSC-TG-005 Teil II ("Red Book")

Neben den erwähnten Werken wurden eine Reihe weiterer Bücher veröffentlicht, die Gesamtheit aller Werke wird als "Rainbow Series" bezeichnet.

2.3 Systematisierung aus heutiger Sicht

Insgesamt läßt sich feststellen, daß schon sehr früh damit begonnen wurde, umfassend und systematisch das Thema zu klassifizieren. Standardisierungen sowohl durch die International Standards Organization (ISO) als auch das US-amerikanische Department of Defense (DoD) bzw. National Computer Security

Center (NCSC) stellen die Risiken klar dar. Neuere Technologien, wie zum Beispiel mobile Netzwerktechniken müssen hinsichtlich ihrer sicherheitstechnischen
Risiken hinterfragt werden.

Im Zusammenhang mit der exponentiell wachsenden weltweiten Beteiligung
am Internet stellt sich die Frage, in welchem Umfang Sicherheitsrisiken neue
Konsequenzen bewirken. Bedrohungen können in kürzerer Zeit ein viel größeres
Ausmaß annehmen, da mehr Rechner betroffen sein können. Weiterhin ist insbesondere festzustellen, daß zunehmend neue Anwender mit begrenztem Kennt-
nisstand über Nutzungs- und Mißbrauchsmöglichkeiten am Internet-Verkehr
teilnehmen. Damit stellen diese Nutzer zusätzliche Risiken durch ihr Handeln
und auch preferierte Angriffsziele dar. Diese Nutzer können im Falle eines Angriffs die Situation schwerer durchschauen und auch in der Regel kaum geeignete
Gegenmaßnahmen ergreifen.[4]

---

[4] Anregung von Jan Zöllner

	Bezeichnung	Hauptmerkmale
D	Minimal Protection	Evaluierung bestätigt keine höhere Einordnung
C	Discretionary Protection	Auditing, Accounting von Subjekten und Aktionen
C1	Discretionary Security Protection	Zugriffskontrolle auf individueller Basis; Trennung von System- und Anwendungscode; Systemintegrität und Sicherheitstests entsprechend einer vorgelegten Dokumentation und eines Testplans über den gesamten Systemlebenszyklus; Software Design Dokumentation des Produktherstellers zu Sicherheitsphilosophie und deren Umsetzung ist notwendig
C2	Controlled Access Protection	Höhere Granularität in der Zugriffskontrolle als C1; Diskrete Zugriffskontrolle; Objekte, die nach Rückgabe an das System von anderen alloziert werden, werden vorher explizit gelöscht; Individuelles, genau vorgeschriebenes Accounting und Auditing jeder Aktion für jedes Objekt und jeden Nutzer des Systems (Zeit, Erfolg der Aktion etc.); Auditing- und Accountingdaten sind geschützt; Spezielles Manual für Systemadministrator zur sicheren Verwaltung des Auditingsystems notwendig
B	Mandatory Protection	Zuordnung von "Sensitivity Labels" zu Hauptdatenstrukturen des Systems; Referenzmonitor-Konzept
B1	Labeled Security Protection	"Sensitivity Labels" werden jedem Subjekt und jedem Speicherobjekt (Prozeß, File, Segment, Gerät) zugeordnet; Import nicht gekennzeichneter Daten erfordert Authentifikation durch autorisierten Nutzer; Imports werden vom Auditing erfaßt; I/O-Geräte und Übertragungskanäle werden in "Single-Level" oder "Multi-Level" unterteilt (Datenexportüberwachung); Kennzeichnung aller Ausdrucke mit "Sensitivity Labels"; Formales/Informales Modell der Sicherheitsphilosophie über gesamten System-Lebenszyklus nachzuweisen
B2	Structured Protection	Formales, klar definiertes und dokumentiertes Modell der Sicherheitsphilosophie nachzuweisen; Labels für alle angeschlossenen physikalischen Geräte;
B3	Security Domains	Minimierg. der Komplexität; System-Recovery zur Wiederherstellung des Sicherheits-Status nach Fehlern
A	Verified Protection	Formale Sicherheitsverifikation anhand eines mathematischen Beweises
A1	Verified Design	Formale Design-Spezifikation
	Beyond Class A	Selbstschutz und Vollständigkeit des Referenzmonitors; Testfall-Generation automatisch aus formaler Spezifikation; Verifikation auf Quellkode-Niveau; Vertrauenswürdiges Personal in vertrauenswürdiger Umgebung erstellt das System

Tabelle 2.3: Klassifizierung nach DoD 5200.28-STD ("Orange Book")

Kapitel 3

Abhängigkeit von verwendeter Übertragungstechnik und Topologie des Netzwerkes

In diesem Kapitel wird der Einfluß grundlegender technischer Bedingungen auf Unsicherheit im Netz aufgezeigt. Im weitesten Sinne werden:

- Technik der Datenübertragung auf OSI-Schicht 1 und 2[1]

- Topologische Bedingungen der Vernetzung

betrachtet. Insgesamt wird im folgenden zwischen broadcastorientierten und vermittlungsorientierten Protokollen unterschieden.

Physikalisch werden die unterschiedlichsten, weitgehend standardisierten Kabelsysteme zur Datenübertragung verwendet. Datenschutztechnisch kann grob zwischen metallischen, geschirmten oder ungeschirmten Kabelsystemen auf der einen Seite und optischen Systemen auf der anderen Seite unterschieden werden. Alle metallischen Kabel und auch Rechnersysteme übertragen durch ihr elektrisches Feld Informationen, die mit geringem technischem Aufwand aufgefangen werden können. Werden Glasfaserkabel verwendet, kann die Information nur durch sofort feststellbare Trennung des Kabels nutzbar gemacht werden, da hier kein elektrisches Feld aufgebaut wird. Hauptnachteil dieser Technik ist ihr höherer Anschaffungspreis gegenüber metallischen Kabelsystemen sowie auch höhere Folgekosten der damit verbundenen speziellen Übertragungstechnik.

3.1 Broadcastorientierte Netze

Broadcastorientierte Protokolle zeichnen sich durch die Nutzung eines physikalischen Mediums aus, an das alle beteiligten Geräte angeschlossen sind ("Shared Medium"). Nachrichten, die ausgesandt werden, können von allen angeschlossenen Geräten mitgehört werden. Jeder Teilnehmer vergleicht anhand einer im

---

[1]Physikalische- und Datenübertragungsschicht

Datenpaket gespeicherten Zieladresse, ob diese mit der eigenen Adresse überein-
stimmt. Ist dies der Fall, hat das Paket seinen endgültigen Empfänger erreicht.

Broadcastorientierte Verfahren werden hauptsächlich für lokale Netze (LAN)
eingesetzt. Sie eignen sich kaum für Netze größeren Ausmaßes, da es aufgrund
der vielen beteiligten Geräte schnell zu einer hohen Netzbelastung kommt. Die
Verfahren werden allerdings auch für bandbreitenstärkere Netze, wie zum Beispiel FDDI verwendet.

Aus der Sicht der Datensicherheit ist die Verwendung von broadcastorientierten Verfahren ohne zusätzliche Datenschutzmaßnahmen bei Übertragung
sensibler Daten nicht zu empfehlen.

3.1.1   Ethernet

Bei Ethernet handelt es sich um eine 1982 eingeführte und vom US-amerikanisch-
en Institute of Electrical and Electronical Engineers (IEEE) standardisierte und
vielfach genutzte Technologie, die zudem mit den weitaus geringsten Kosten für
den Betreiber verbunden ist.

Die Technik des Medienzugriffs wird über das CSMA/CD-Verfahren realisiert. Jede Station ist unabhängig von anderen Netzteilnehmern sendefähig,
wobei Kollisionen bei gleichzeitigem Senden erkannt werden. Der blockierte
Sender wiederholt dann nach einer zufallsgesteuerten Zeit die Sendung bis zum
Erfolg. Durch die Zufallssteuerung ist keine festgelegte Übertragungszeit oder
maximale Übertragungsdauer (Determiniertheit) möglich.

3.1.2   Token-Ring und Token-Bus

Die Protokolle Token-Ring und Token-Bus basieren auf Entwicklungen der Fa.
IBM und werden vielfach in IBM-Maschinen im lokalen Sektor verwendet. Standardisierung erfolgte durch IEEE 802.4/802.5. Die Technik des Medienzugriffs
wird durch ein im Netz kreisendes Token, ein speziell markiertes und priorisier-
tes Datenpaket gesteuert. Jede Netzstation, die das Token empfängt, bekommt
die Berechtigung, Daten zu senden. Kollisionen sind, vorausgesetzt, es existiert
nur ein einziges Token im Netz, ausgeschlossen. Durch das Verfahren kann si-
chergestellt werden, das eine bestimmte Datentransportzeit nicht überschritten
wird (Determiniertheit). Der Hauptunterschied von Token-Ring zu Token-Bus
ist eher topologischer Natur. Die Netzteilnehmer sind bei Token-Ring über einen
zentralen Ringleitungsverteiler verbunden, der eine eventuell ausfallende Station kabeltechnisch überbrückt und einen Ausfall des Gesamtnetzwerkes verhin-
dert (Fehlertoleranz).

Da jede Station das Token darauf auswertet, ob die Station als Empfänger in Frage kommt, besteht auch hier die Gefahr, daß Daten, die nicht für
diese Station bestimmt waren, observiert oder verändert werden. Netzwerka-
dapter haben genau wie Ethernetadapter eine vom Hardware-Hersteller fest

zugeordnete Adresse, die nicht ohne Aufwand verändert werden kann (ROM-Austausch). Wird diese Adresse im Protokoll verwendet, ist das Risiko einer Adressmaskerade[2] relativ gering.

3.1.3 Fibre Distributed Data Interface

Fibre Distributed Data Interface (FDDI) stellt ein Hochleistungsprotokoll dar, das auf glasfaserbasierten Doppelringen realisiert wird. Ein häufiges Einsatzfeld des FDDI ist die Kopplung lokaler Netze (Backbone-Prinzip). Daten werden über den Primärring transportiert, der sekundäre Ring dient als Sicherung, falls der Primärring ausfällt. Grundlegend kann man FDDI als Weiterführung des Token-Ring-Prinzips sehen. Der Medienzugriff wird über mehrere Token realisiert. Es bestehen also hier ähnliche Probleme wie beim Token-Ring/-Bus.

3.2 Nicht-Broadcastorientierte Netze

3.2.1 Asynchroner Transfer Modus

Eine relative neue und derzeit im Standardisierungsprozeß befindliche Technik ist der asynchrone Transfermodus (ATM). Im Gegensatz zu den bereits angesprochenen Protokollen handelt es sich bei ATM um eine vermittlungsorientierte Technik, die zwischen den kommunizierenden Stationen über ATM-Switches eine virtuelle Verbindung herstellt, die nur von diesen Stationen genutzt werden können. Damit besteht keine Möglichkeit, daß andere Netzteilnehmer fremde Daten mithören können.

Die Hauptvorteile des ATM lassen zunehmende Akzeptanz und zukünftige Migration erwarten:

- Datendurchsatz - Es zeigen sich praktisch kaum Grenzen hinsichtlich der erreichbaren Datenrate im Netzwerk. Bereits verfügbare Systeme arbeiten mit bis zu 655 MBit/s.

- Übertragungsqualität - Vorher festgelegte Ressourcen und Dienste für die Übertragung sichern eine bestimmte geforderte Qualität der Übertragung. Damit werden anspruchsvolle Multimediaanwendungen realisierbar.

- Gemischte Übertragung von Daten verschiedener Anwendungen - Neben Standarddaten können Sprach-, Audio- oder Videodaten gemischt übertragen werden. Ein entscheidender Vorteil ist die Skalierbarkeit der Übertragungsbandbreite für die einzelnen Datenströme, die über die Sendefrequenz der ATM-Zelleinheiten für jeden Datenstrom gesteuert wird.

- Universalität - Sowohl LAN-Technik als auch Weitverkehrsnetzwerke können realisiert werden.

---

[2]D.h. eine Station sendet mit anderer Adresse, als hardwareseitig der Karte zugeordnet.

Insgesamt läßt sich jetzt schon absehen, daß ATM die Kommunikations-
landschaft in den kommenden Jahren dominieren wird.

3.3   Zusammenfassung

Allen Übertragungstechniken gleich ist die Tatsache, daß weder Anwendungs-
daten noch Protokolldaten zur Übertragung verschlüsselt werden. Ein Grund
dafür liegt in möglicher hoher Einschränkung der Übertragungsperformance,
die nur durch uneingeschränkte Implementierung in Hardware, zum Beispiel
auf dem Netzadapter, umgangen werden könnte.

Ein Ansatz wurde durch das US-amerikanische Institute of Electrical and
Electronical Engineers (IEEE) mit dem Standard 802.10 "Standard for Interoperable Local Area Network Security (SILS)" geschaffen, der einen sicheren
Datenaustausch auf der Medienzugriffsebene, Schlüsselverwaltung und Sicher-
heitsmanagment umfaßt [IEEE802.10]. Verwendet werden soll das System für
die broadcastorientierten Netze Ethernet/Token-Ring/Token-Bus und FDDI.
Sowohl Daten und Protokollsteuerdaten werden verschlüsselt, wobei ein bis
zu 27 Byte großer Klartextkopf neu an das Paket angefügt wird. Parallel können
Daten unverschlüsselt übertragen werden. Insgesamt soll die Verschlüsselung
transparent für sämtliche OSI-Schicht-3-Entities[3] und höher ausgeführt werden.

Protokoll	Datenobservierung Datenveränderung	Adress- maskerade	Einfügung zus. Netzstationen
Ethernet	möglich	Risiko gering	topologieabhängig
Token-Ring Token-Bus	möglich	Risiko gering	wird bemerkt
FDDI	möglich	Risiko gering	wird bemerkt
ATM	nicht möglich	nicht möglich	nicht sinnvoll

Tabelle 3.1: Unsicherheit in Physical-/Data-Link-Layer Protokollen

Tabelle 3.1 faßt die wesentlichen datenschutztechnischen Eigenschaften der
betrachteten Protokolle zusammen. Durch das zugrundeliegende Übertragungs-
prinzip wird die Möglichkeit bestimmt, Daten vom Kanal abzuhören und/oder
zu verändern. Die Adressmaskerade ist auf der in diesem Kapitel betrachteten Ebene kein relevantes Thema. Einfügung zusätzlicher Stationen im Netz ist
beispielsweise in einem Ethernet relativ leicht realisierbar. Häufig finden sich
einfach zugängliche Steckdosen, die ein Angreifer einfach nutzen kann. Eine Signalisierung oder Bekanntmachung der Netzstationen untereinander ist nicht
vorgesehen, während dies beispielsweise bei FDDI durch das Station Manag-

---

[3]D.h. Netzwerk-/Transportschicht

ment realisiert wird. Im Falle von ATM ist es ebenfalls eine Frage der Signalisierung, eine weitere Station einzufügen.

3.4 Netzsegmentierung durch Verwendung von Repeatern, Bridges, Routern und Switches

Netzsegmentierung (Netzteilung) erfolgt durch verschiedenste sogenannte Koppelelemente, die auf verschiedenen OSI-Schichten Daten von einem Netzsegment zum anderen übertragen:

Koppelelement	Verbindung auf OSI-Layer	Datenschutz- unterstützung
Repeater (Signalverstärker)	Physical	keine
Bridge	Data Link	keine
Hub	Physical	keine
Switching Hub	Data Link	gut
Router	Netzwerk	gut

Tabelle 3.2: Netzsegmentierung im Überblick

Ein Repeater arbeitet als reiner Verstärker physikalischer Signale, seine Aufgabe liegt vor allem in der lokalen Erweiterung bezüglich der Netzwerkkabellänge. Er verfügt kaum über eigene Software oder datenschutztechnisch günstige Einflüsse.

Eine Bridge (Brücke) filtert auf Logical-Link-Control-Ebene (LLC), sie kann aufgrund der Media-Access-Adresse (MAC) in einem Paket entscheiden, ob dieses weitergeleitet werden soll oder nicht. In diesem Sinne kann von einer Einschränkung des reinen Broadcasting gesprochen werden (Netzlastminderung, Datenschutz).

Ein Hub ist prinzipiell eine Art Sternverteiler, der hauptsächlich in Netzwerken auf Ethernet-Basis zu Fehlertoleranz- und topologischen Zwecken eingesetzt wird. Es wird das Problem behoben, das bei Busstrukturen generell besteht: bei Kabelbruch kommt es zum Nutzungsausfall des Gesamtnetzwerks. Relativ unintelligent wird lediglich aller Netzverkehr weitergeleitet und im Fall eines Kabelausfalls die entsprechende Leitung überbrückt. Datenschutztechnisch ist daher der Hub auf der gleichen Ebene wie der reine Signalverstärker zu sehen.

Eine aktuelle Weiterentwicklung stellt der Switching Hub dar: analog zur Bridge wird nur der Datenstrom für die angeschlossene Station weitergeleitet. Es wird damit eine vollständige Einschränkung des Broadcast-Prinzips erreicht und damit positiv im Sinne Netzlast und Datenschutz gearbeitet. Dieser entscheidende Vorteil schlägt sich daher auch in einem in der Regel vier- bis fünffachen Anschaffungspreis gegenüber dem Standardhub wieder. Switching Hubs sind auch unter der Bezeichnung "Active Hub" oder "Filtering Hub" bekannt.

Kopplung auf Netzwerkebene bewirkt beim Router quasi eine "hohe Intelligenz" da bis auf Netzwerk-Adressebene Entscheidungen getroffen werden können, ob das Paket weitergeleitet werden soll oder nicht. Transportwegeentscheidungen sind somit realisierbar. Router werden weitreichend eingesetzt, vor allem zur Kopplung von Netzwerken unterschiedlicher Zugriffstechniken, zum Beispiel von Ethernet zum Integrated Services Digital Network (ISDN), dem öffentlichen digitalen Telefonnetz. Datenschutztechnisch können Pakete gefiltert werden. Wird zur Filterung regelbasierte Software eingesetzt, ist schon der Übergang zur Firewall gegeben (Siehe vor allem Abschnitt 8.2).

Kapitel 4

TCP/IP als verbreiteter Protokollstack im LAN und WAN

Die TCP/IP-Protokollsuite wurde 1981 im Rahmen eines DoD-Projektes[1] als zuverlässiges, verbindungsorientiertes Hostkommunikationsprotokoll für paketvermittelte Computernetzwerke entwickelt. Es ordnet sich einer schichtenorientierten Protokollarchitektur unter, wobei das TCP hauptsächlich auf dem Internet Protocol (vergleichbar Netzwerkschicht nach OSI-Standard) aufsetzt, jedoch generell auch auf anderen Protokollen arbeiten kann. TCP kommuniziert über dezidierte Kommunikationsendpunkte, die Sockets, direkt mit der Applikation, die über sogenannte Ports identifiziert werden. Dabei ist ein Multiplexing der Datenströme zu verschiedenen Anwendungen möglich. Standardanwendungen wie Remote-Login, Filetransfer und anderen sind dabei auch standardisierte Ports zugeordnet, die sich auf jedem Server finden, der diese Netzwerkdienste anderen Rechnern im Netz anbietet. Zusammenfassend läßt sich daher eine TCP-Netzwerkverbindung zwischen Host A und Host B wie folgt eindeutig und umfassend abbilden:

$$< IP - Adresse_{[HostA]}, Port_{[HostA]}, IP - Adresse_{[HostB]}, Port_{[HostB]} >$$

Ein Beispiel für obige Notation sei für eine Telnet-Verbindung (Remote-Login-Dienst) zwischen dem Rechner A mit IP-Adresse 194.64.153.138 und dem Rechner B mit IP-Adresse 194.64.153.140 dargestellt:

$$< 194.64.153.138, 1069, 194.64.153.140, 23 >$$

In diesem Falle hat der Clientrechner A zum Server B eine Telnet-Verbindung über den sogenannten "well-known"[2] Telnet-Port 23 aufgebaut. Dabei ist es unerheblich, ob die Verbindung nur zwischen Systemen besteht, die wenige Meter

---

[1] United States Department of Defense (US-amerikanisches Verteidigungsministerium)
[2] Standardisierter, "gut bekannter" Port für den Telnet-Dienst nach RFC 854

von einander entfernt sind oder ob diese Systeme auf verschiedenen Kontinenten der Erde liegen. Das heißt, die Protokollfamilie kann sowohl im lokalen als auch im Weitverkehrsbereich eingesetzt werden.

4.1 Überblick über die Bestandteile und das Zusammenwirken im Protokollstack

Generell wird TCP/IP heute als Bestandteil des Betriebssystems mitgeliefert. Ursprünglich vornehmlich zur Kommunikation unter UNIX-Computern konzipiert, findet es sich auch in anderen verbreiteten Betriebssystemen wie MS-WINDOWS NT[3], WINDOWS 95 oder IBM OS/2[4]. Eine gängige Konfiguration, bei der ein vollständiger TCP/IP-Protokollstack Verwendung findet, wird in Abb.4.1 dargestellt:

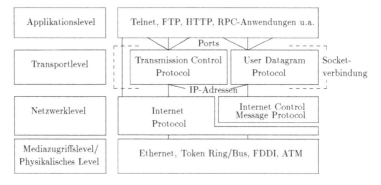

Abbildung 4.1: Zusammenhänge und Zusammenwirken der Komponenten im TCP/IP-Protokollstack

Eine besondere Rolle spielt hier die sogenannte RAW-Socket-Schnittstelle, die in der Abb.4.1 als direkter Zugriff aus dem Applikationslevel auf die IP-Ebene dargestellt wird. Diese Schnittstelle ist im Protokoll-Design unter anderem eigentlich für die Implementierung eines von TCP verschiedenen Transportprotokolls[5] vorgesehen [STEVENS2]. Daneben ist es jedoch möglich, eine Hälfte eines TCP-Verbindung außerhalb der im Betriebssystemkern angesiedelten Protokollimplementierung zu simulieren und das Protokoll zu Angriffen auszunutzen sowie entsprechend den Wünschen eines Angreifers zu modifizieren. Zur weiteren Ausnutzung dieser Schnittstelle im Zusammenhang mit dem hier behandelten Thema siehe vor allem Kapitel 6 sowie speziell Abschnitt 6.3.1.

---

[3]WINDOWS "New Technology",Client-Server-System für verschiedene Architekturen von Fa. Microsoft
[4] "Operating System/2",Betriebssystem für Personal Computer von Fa. International Business Machines
[5]Der Vorteil besteht darin, zur Implementierung nicht in den Kernel eingreifen zu müssen.

Das Transmission Control Protocol wird in RFC 793 aus dem Jahre 1981 beschrieben. Zu Fragen der Datensicherheit der übertragenen Daten und kommunizierenden Hosts wird im Standard relativ spartanisch ausgeführt:

> *"Precedence and Security:*
>
> *The users of TCP may indicate the security and precedence of their communication. Provision is made for default values to be used when these features are not needed."*

Offensichtlich wurde dieser Punkt bei Definition des Protokolls nicht als Schwerpunkt gesehen. Demzufolge sind verschiedene Schwachpunkte in dieser Hinsicht feststellbar, wie im weiteren ausgeführt werden wird. Historisch gesehen verständlich, da es sich um ein Protokoll zur internen Kommunikation unter abgegrenzten Rechnern der Organisation des DoD handelte. Wegen des sprichwörtlichen Sicherheitsbedürfnisses, welches gewöhnlich in Militärkreisen vorherrscht, ist die schwache Wichtung dieses Punktes innerhalb des Standards doch bemerkenswert.

4.2 Warum TCP/IP als Demonstrationsgrundlage verwendet wird

Im Zusammenhang mit der derzeitigen ständig wachsenden Bedeutung des Protokollstack als Grundlage des weltweiten Internet-Verbundes wurde TCP/IP als Demonstrationsgrundlage gewählt. Weiterhin handelt es sich um ein gut dokumentiertes und standardisiertes Protokoll. Nicht zuletzt ist es auch Bestandteil des freien UNIX-Betriebssystems LINUX von Linus Torvalds, das als Basis der praktischen Szenarien gewählt wurde. Mit dem Zugriff auf alle Quellen des Betriebssystems, also auch Kernelquellen[6] besteht weitgehende Manipulationsmöglichkeit. Durch den Eingriff in den Kernel kann auch das Protokoll selbst und sein Verhalten durch programmiertechnische Änderungen beeinflußt werden. Von dieser Möglichkeit wird teilweise Gebrauch gemacht, siehe auch Abschnitt 6.3.1 und Abschnitt 7.2. Ein weiterer Aspekt ist die Tatsache, daß eine ganze Reihe Tools und Programme frei verfügbar sind, die eine Überwachung, Einflußnahme und Kontrolle des Protokolls und Protokollverhaltens ermöglichen. Programme dieser Art wurden im Rahmen dieser Arbeit genutzt. Speziell siehe hierzu Kapitel 6, 8 und zusammenfassend Anhang A!

---

[6] Als Kernel wird der zentrale Hauptteil des Betriebssystems bezeichnet.

Kapitel 5

Angriffsmöglichkeiten in den einzelnen Protokollschichten und Diensten

In diesem Abschnitt wird konkret auf bestimmte Schwachstellen in der betrachteten Umgebung eingegangen. Systematisch wird von der physikalischen Schicht (OSI-Physical Layer) bis zur Anwendungsschicht (OSI-Application Layer) vorgegangen. Während dieses Kapitel hauptsächlich die generell *realisierbaren* Angriffsmöglichkeiten betrachtet, werden im anschließend folgenden Kapitel die praktisch *realisierten* Angriffe beschrieben.

5.1 Physical Layer/Media Access/Data Link Layer

Auf Gefahren in der Physical Layer/Data Link Layer, speziell in Abhängigkeit von verwendeter Verkabelung, Medienzugriff und Topologie wurde bereits in Kapitel 3 eingegangen.

Im Internet-Protokollstack findet sich als Hilfsmittel der Zuordnung von Medienzugriffs- zu Netzwerkadressen das Adress Resolution- und Reverse Adress Resolution Protokoll (ARP/RARP) in der Data Link Layer.

5.1.1 Adress Resolution und Reverse Adress Resolution (ARP/RARP)

Wird von Host A mit IP-Adresse 194.64.153.138 zu Host B mit IP-Adresse 194.64.153.140 eine Verbindung aufgebaut, muß zunächst Host B lokalisiert werden. Hierzu muß die zu Host B zugehörige Medienzugriffsadresse ermittelt werden. Diese Zuordnung wird durch das in RFC 826 spezifizierte Adress Resolution Protokoll (ARP) realisiert [RFC826]. Sind Host A und Host B zum Beispiel direkt über Ethernet verbunden, wird durch einen von Host A gesendeten Broadcast-Ruf[1] ermittelt, welche 48-Bit-Ethernet-Adresse zur Netzwerk-Adresse 194.64.153.140 gehört:

---

[1] Es werden alle Stationen im Netzwerk über die netzwerkeinheitliche Broadcast-Adresse (Zum Beispiel 194.64.153.255)(ARP-Request) angesprochen.

$ARP - Reply :< 194.64.153.140; 0:0:b4:20:cd:4a >$

In jedem Host findet sich ein in seiner Gültigkeit zeitlich beschränkter Cache-Speicher zur Zwischenspeicherung der Adresszuordnung, der vor dem netzbelastenden Broadcast-Ruf konsultiert wird.

Der ARP-Reply wird als sogenannter Broadcast versendet, damit steht jedem Rechner im Netz, der das ARP implementiert hat, die Information über IP-Adressen-Medienzugriffsadressen-Zuordnung zur Verfügung.

In [ATKINS] findet sich ein Versuch, bei dem 2 Rechnern die gleiche IP-Adresse zugeordnet wurde. In Abhängigkeit vom Betriebssystem speichert der ARP-Request aussendende Rechner den letzten empfangenen ARP-Reply im Cache. Andere Systeme verwalten den Cache konsistent und löschen doppelte Einträge.

Das ARP/RARP läßt sich durch Änderung der IP-Adresse natürlich beeinflussen. Eine Änderung der Medienzugriffsadresse (hier: Ethernet-Adresse) läßt sich jedoch nicht bewirken, da diese hardwareseitig fest kodiert sind. Eine Änderung ist nur durch Austausch des Netzadapters im Rechner möglich. Eine Störung des Netzbetriebs ist denkbar, indem ein Angreifer einen Rechner mit einer IP-Adresse in das Netz bringt, die schon vergeben ist.

In der Literatur findet sich die Gefahr, daß ARP-Pakete durch Angreifer gefälscht werden könnten. Die mögliche Realisierung stellt sich jedoch als relativ aufwendig dar, da Pakete dieser Art durch Manipulation des ARP-Moduls im Kernel erzeugt werden müssen. Da ARP-Nachrichten kein IP nutzen, sondern eine Ebene tiefer angesiedelt sind, ist die Generierung im User-Level nur durch umfassende Manipulation des Betriebssystemkode realisierbar.

Zusammenfassend läßt sich sagen, daß in den unteren Schichten außer Datenobservierung vergleichsweise wenig Angriffsmöglichkeiten bestehen. Im Gegensatz dazu finden sich in der aufsetzenden Schicht weitreichende Möglichkeiten der Beeinflussung des Protokollverhaltens.

5.2   IP/ICMP Layer

Das Internet Protokoll (IP) und das Internet Control Message Protocol (ICMP) stellen im Wesen die Netzwerkschicht im TCP/IP-Protokollstack dar. Das IP ist ein unzuverlässiges, datagrammorientiertes Protokoll. Zur Problemerkennung und zu Routing-/Konfigurationszwecken als IP notwendigerweise begleitendes Protokoll konzipiert wurde das ICMP [RFC792]. Generell wird das gesamte Routing (Transportwege-Entscheidungen) über die Netzwerk-Schicht (OSI-Schicht 3) abgewickelt. So zielen eine Reihe von Beeinflussungsmöglichkeiten auf Umleitung bestehender oder Nutzung nicht vorgesehener Transportwege ab. Angriffe stellen sich wie folgt dar:

Protokoll	Methode	Wirkung
IP	Fälschung der Quelladresse (IP-Spoofing)	Vortäuschen falscher Verbindungen
IP	Setzen der "Source Routing"-Option	Umleitung des Transportweges über Angreifersystem
ICMP	Aussendung gefälschter "Source Quench"-Meldungen	Einschränkung der erreichbaren Datenrate
ICMP	Aussendung gefälschter "Unreach"-Meldungen	Verhinderung eines Verbindungsaufbaus
ICMP	Aussendung gefälschter "Needfrag"-Meldungen	Erhöhung des Verbindungs-Overhead
ICMP	Aussendung gefälschter "ICMP Redirect"-Meldungen	Umleitung des Transportweges über Angreifersystem

Tabelle 5.1: Angriffe auf IP/ICMP-Ebene

In jedem Internet-Protokoll-Paket findet sich sowohl die Adresse des Senders als auch die Zieladresse des Empfängers. Durch Manipulation läßt sich eine Änderung der Senderadresse erreichen, um im Feld der Senderadresse die IP-Adresse eines anderen Netzteilnehmers einzusetzen (Siehe Abbildung 5.2; zur konkreten Durchführung siehe Abschnitt 6.3.1!). Damit erscheint beim Empfänger ein vorgetäuschter Kommunikationspartner, dessen Authentizität nicht verifiziert werden kann.

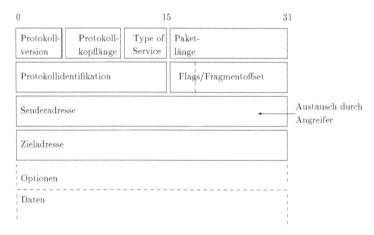

Abbildung 5.1: Protokollkopf des Internet-Protokolls [RFC791] und IP-Spoofing

Die IP-Adressmaskerade wird als Basis für komplexe Angriffsszenarios, wie den Source-Routing- oder auch den TCP-Desynchronisations-Angriff verwendet.

Praktisch läßt sich hierdurch stets der wahre Sender eines Angriffs verschleiern. Vor allem bei Angriffen, bei denen lediglich eine Funktionsstörung bewirkt werden soll, ist diese Methode sehr effektiv, da hier keinerlei Rückmeldung an den Sender notwendig ist. Es ist zu beachten, daß eventuelle Rückmeldungen an den Sender natürlich an die Netzstation mit der im Paket eingesetzten Adresse gehen. Diese Station kann abhängig von der ausgelösten Aktion entsprechend reagieren oder auch die empfangenen Pakete einfach ignorieren.

Eine übliche Methode zum Einschleusen von Paketen in firewallgesicherte lokale Netze ist beispielsweise das Einsetzen von Adressen dieses lokalen Netzes als Senderadresse in die Angreiferpakte. Diese Pakete werden dann als Ursprungspakete dieses lokalen Netzwerkes angesehen und vom Firewall wieder in das lokale Netz zurückgeleitet, obwohl sie vom äußeren Netz zugeführt wurden. Da der Angriff recht bekannt ist, filtern viele Firewalls Pakete mit Senderadressen aus dem zu schützenden Netz aus und leiten diese nicht in das zu schützende Netz weiter.

Durch Optionen im Protokollkopf kann die Protokollverarbeitung gesteuert werden. Zehn verschiedene Optionen können verwendet werden. Von Relevanz für die Sicherheit sind:

IPOPT_LSRR	1-0-3 131	Loose Source and Record Route
	1-0-5 133	
IPOPT_SSRR	1-0-9 137	Strict Source and Record Route

Tabelle 5.2: Sicherheitsrelevante IP-Optionen [RFC791]

Der Sinn der angeführten Optionen besteht zunächst darin, daß der Transportweg vom Sender bestimmt wird. Option *IPOPT_LSRR* legt einige Stationen fest, *IPOPT_SSRR* muß alle Stationen der Route festlegen. Die festgelegte Route wird gespeichert, während das Paket zum Ziel kommt. Die gespeicherte Route wird dabei für alle eventuellen Rückantworten des Empfängers an den Sender verwendet. Mißbrauch des Source-Routing erfolgt, indem der Angreifer eine Verbindung unter Verwendung einer gefälschten Adresse zum Zielsystem aufbaut, die über die reelle Adresse des Angreifersystems führt. Die gefälschte Adresse ist dabei die Adresse des Systems, dessen Pakete von Interesse sind. Maximal 9 Systeme können dabei zwischen ursprünglichem Sender und Empfänger liegen, da das IP-Optionsfeld maximal 40 Bytes groß sein kann [RFC791], und Optionssteuerdaten 3 Byte ausfüllen (4 Byte je Routenadresse). Die Option ist in lokalen Netzen lediglich sinnvoll, wenn alternative Routen in Frage kommen (komplexe Netze, strukturierte Verkabelung etc.).

Scannt ein Angreiferprogramm den anzugreifenden Host nach bestehenden und interessierenden TCP- und UDP-Verbindungen, schleust Pakete mit der gefälschten IP-Senderadresse und gesetzter Source-Routing-Option in den Da-

tenstrom ein. Damit können die interessierenden Daten observiert und gegebe-
nenfalls beeinflußt werden.

Standardroute A-B-C-D

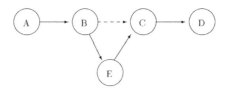

Angreifer

Source-Route A-B-E-C-D

Abbildung 5.2: Datenzugriff über Source-Routing

Die Ausnutzung der "Source Routing"-Optionen ist recht bekannt, so daß
viele Systeme die Möglichkeit bieten, "Source Routing" gänzlich abzuschalten.[2]

Als generelle Aussage läßt sich festhalten:

Jegliches Vertrauen auf Grundlage der IP-Adresse läßt sich durch Angreifer
ausnutzen.

Durch Aussendung falscher ICMP-Meldungen kann ein Angreifer bestimmte
Reaktionen der Netzteilnehmer erwarten. Die $ICMP\_SOURCEQUENCH$-Meld-
ung dient Gateways dazu, die Sendedatenrate von beteiligten Kommunikationspartnern zu verringern, um eine Überlastsituation zu vermeiden [KYAS]. Nutzt
der Angreifer diese Meldung, kann eine Störung insbesondere von Anwendungen mit hohem Bandbreitebedarf (WWW, Video etc.) eintreten.

Die $ICMP\_UNREACH$-Meldung dient der Mitteilung dem Sender gegenüber,
daß der gewünschte Partner nicht erreichbar ist, wobei eine Differenzierung
von adressiertem Netz ($ICMP\_UNREACH\_NET$-Meldung), Host ($ICMP\_UN$-
$REACH\_HOST$-Meldung) sowie weiteren Protokoll-Interna erfolgt.
Der Angreifer hat nun lediglich Protokollkopf und die ersten 64 Daten-
Oktett des abgehörten Datenpaketes der zu störenden Verbindung mit einer
$ICMP\_UNREACH\_HOST$-Meldung zum Sender zurückzusenden, um einen Ver-
bindungsaufbau zu verhindern.
Die $ICMP\_UNREACH\_NEEDFRAG$-Meldung dient der Mitteilung an den
Sender, daß zu große IP-Pakete (Maximalgröße 65535 Byte) auf kleinere Pake-
te (beispielsweise Ethernet-Paket: 1518 Byte Maximalgröße) aufgeteilt werden
müssen (Fragmentierung). Beim Empfänger erfolgt dann die Refragmentierung

---

[2]Linux: Kernelkonfiguration vor Neu-Compilierung

zum ursprünglichen Paket. Ein Nachteil ist in erhöhtem Overhead der Verbindung zu sehen. Zu jedem Fragment wird der komplette Protokollkopf mit übertragen. Wird beispielsweise ein maximales IP-Paket auf 8-Oktett-Fragmente aufgeteilt, ergibt das 8189 Pakete mit 28 und ein Paket mit 23 Oktett (Beispiel aus [STEVENS2]). Der Overhead ergibt sich also zu:

$$8189 * 28 + 23 = 229315/65535 = 3,5$$

Es wird für dieselbe Information das 3,5-fache an Daten übertragen. Bewirkt der Angreifer für eine Reihe von Verbindungen eine Fragmentierung, wird die Netzlast empfindlich erhöht.

Die *ICMP_REDIRECT*-Meldungen dienen Routern im Netz, Hosts neue Transportwege im Netz mitzuteilen. Der Angreifer kann diese Meldung zur Störung der Transportwegewahl ausnutzen. Wiederum mußen der Protokollkopf und die acht ersten Datenoktett zusammen mit der Adresse des neuen Gateways zurück zum Sender geschickt werden. Eine einfache Abwehr ist möglich, indem im Host der Empfang von *ICMP_REDIRECT*-Meldungen abgeschaltet werden kann[3]. Damit werden derartige Pakete ignoriert. Ein Grunderfordernis ist diese Konfiguration in Routern, diese sollten stets nur nach den gespeicherten Routingtabellen entscheiden.

5.3 TCP/UDP Layer

Transmission Control Protocol und User Datagramm Protocol bieten diverse protokollbasierte Schwächen, die Angreifer ausnutzen können. Insbesondere UDP bietet aufgrund seiner Einfachheit viele Möglichkeiten, da das Protokoll keine Sequenznummern oder Bestätigungspakete wie zum Beispiel das TCP verwendet. Es ist möglich, ganze bestehende Verbindungen zwischen zwei Hosts durch einen dritten Angreiferhost zu übernehmen ("Connection Hijacking"). Grundlage verschiedener Szenarios ist dabei die Verhinderung normaler Verbindungsaufbauten zwischen zwei Hosts, indem ein Host durch den Angreifer mit Datenpaketen in hoher Senderate beschäftigt wird, so daß dieser keine normalen Verbindungen mehr aufbauen kann (sogenannte "Denial of Service"-Attack).

Auf dieser Taktik sowie der bereits beschriebenen Technik des IP-Adress-Spoofing basiert folgendes Szenario, das in [MORRIS1] für die Anwendung der weitverbreiteten 4.2 BSD-Implementierung des Protokolls beschrieben wurde. Hierbei ist der Angreifer Host A, sein Ziel Host B und der durch A mittels IP-Adress-Spoofing gefälschte Host C. Host A führt folgende Schritte durch:

1. Beschäftige Host C durch Datenüberflutung ohne reellen Verbindungsaufbau

2. Erzeuge eine reelle Verbindung zu Host B und protokolliere Sequenznummer

---

[3]Optimalerweise dynamisch, teilweise nur durch Neukonfiguration des Kernels möglich

3. Eröffne eine Verbindung zu Host B, in der die Adresse = Host C gesetzt wird. Verwende als ACK-Nummer die zuvor aufgezeichnete Sequenznummer + 1.

4. Nutze die eröffnete Verbindung, um im Namen von Host C auf Host B zu arbeiten

Der Erfolg basiert hier vor allem auf folgendem:

- **Vertrauen auf Basis der IP-Adresse** - Ausgenutzt wird die sogenannte "Trusted Host"-Relation zwischen Host C und Host B. Da Host B Host C vertraut, kann Host C bestimmte Kommandos ohne Angabe von Passwort auf Host B ausführen. Dazu muß lediglich der Nutzer von Host C in der Datei /etc/passwd [4] auf Host B eingetragen sein und Host C in der Datei /etc/hosts.equiv oder $HOME/.rhosts eingetragen sein. Der Angreifer hat nun lediglich den Nutzer und das Kommando anzugeben, das auf Host B ausgeführt werden soll:

      foo@HOST_C>rsh HOST_B foo ''echo + + >>$HOME/.rhosts''

- **Vorhersagbare Wahl der nächsten Sequenznummer durch TCP** - Die Sequenznummer dient vor allem der Reihenfolgezuordnung der einzelnen TCP-Pakete, die über verschiedene Wege und zu unterschiedlichen Empfangszeiten am Empfänger ankommen können. Weiterhin ist die Übertragungswiederholung für einzelne Pakete realisierbar. Implementiert werden TCP-Sequenznummern durch einen 32-Bit-Zähler, der an der niederwertigsten Stelle alle 4 Mikrosekunden um den Wert 1 erhöht werden muß. Die 4.2 BSD-Implementierung erhöht jedoch den globalen Sequenznummern-Zähler um 128 in jeder Sekunde und um 64 nachdem eine Verbindung eröffnet wurde. Damit ist es theoretisch möglich, TCP-Verbindungen zu eröffnen, ohne den Übertragungskanal abzuhören. Die einfachere Variante geht davon aus, daß das Netzwerk durch den Angreifer abgehört werden kann.

- **Inaktivierung des normalen Protokollverhaltens auf Host C** - Durch die Überflutung mit Datenpaketen kann Host C nicht mehr ausreichend agieren. Im Normalfalle würde Host C die von Host B im Ergebnis des 3. Schrittes beantwortete Verbindungseröffnung durch den Angreifer nicht anerkennen, da die Verbindungseröffnung mit gefälschten Paketen vom Angreiferhost A erfolgte. Es existiert auf C keine TCP-Verbindung und C würde ein Paket mit gesetztem RST-Flag[5] senden, welches die Verbindung beenden würde.

---

[4] Terminalausgaben, Kommandos, Dateien und Dateiausgaben wie auch Quelltexte werden im folgenden im **Bold**-Font ausgegeben. Pfad-, Datei- und Kommandobezeichnungen beziehen sich auf UNIX- übliche Namen.

[5] Verbindungsreset

Ein weiteres recht komplexes Szenario zur Störung des TCP-Protokollverhaltens ist in [JONCHERAY] beschrieben. Die zentrale Aktion besteht in einer Neuzuweisung der TCP-Sequenznummern (Desynchronisation) einer bestehenden oder gerade aufzubauenden Verbindung zwischen zwei Hosts, wodurch der Angreifer auf einem dritten Host die Verbindung beeinflussen kann. Wiederum wird die Technik des IP-Spoofing verwendet, um vom Angreifer ausgehend, der jeweilig anderen Partei entsprechende Pakete der angenommenen Gegenseite zu senden.

Im Zuge eines normalen Verbindungsaufbaus führt das TCP einen sogenannten "Three-Way-Handshake" durch:

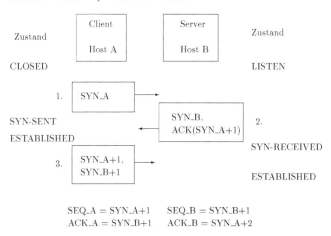

$$SEQ\_A = SYN\_A+1 \qquad SEQ\_B = SYN\_B+1$$
$$ACK\_A = SYN\_B+1 \qquad ACK\_B = SYN\_A+2$$

Abbildung 5.3: TCP "Three-Way-Handshake"

Der Hauptzweck ist dabei die Synchronisation der Sequenznummern SEQ, die in den jeweiligen Paketen angegeben sind. Die Sequenznummern der Gegenseite werden mit Acknowledgmentnummern ACK beantwortet. Im ESTABLISHED-Zustand können die Parteien nun Daten austauschen, indem die Sequenznummer in Abhängigkeit von der Datenmenge erhöht wird, wie folgt:

$$SEQ\_A_{NEU} = SEQ\_A + Datenbyteanzahl$$

wobei

$$SEQ\_A_{NEU} < SEQ\_A + WINDOWSIZE$$

WINDOWSIZE ist die maximale Anzahl von Datenbyte, die ohne Bestätigung vom Empfänger gesendet werden darf. WINDOWSIZE ist ein 16-Bit-Wert, der im TCP-Protokollkopf festgelegt wird.

Ein desynchronisierter Zustand ergibt sich nun für den Fall, daß beide Parteien im ESTABLISHED-Zustand sind, wie folgt:

$$SEQ\_B \neq ACK\_A$$

und

$$SEQ\_A \neq ACK\_B$$

Nach Untersuchungen in [JONCHERAY] ist im desynchronisierten Zustand kein weiterer Datenaustausch möglich. [JONCHERAY] beschreibt zwei verschiedene Wege, um diesen Zustand hervorzurufen. Host C sei der Angreifer, die Verbindung zwischen Client A und Server B soll angegriffen werden. Der Angreifer hat dann bei Variante 1 folgende Schritte auszuführen:

1. Höre den Übertragungskanal zwischen A und B ab und warte auf ein SYN-ACK-Paket des Servers B.

2. In Stufe 2 des "Three-Way-Handshake" beim Verbindungsaufbau zwischen A und B (SYN-ACK-Paket des Servers B) sende an B unter Verwendung der IP-Adress- und TCP-Port-Daten (IP-Adress-Spoofing) von A ein RST-Paket.

3. Unmittelbar danach sende ein SYN-Paket mit neuer Sequenznummer SYN_C an den Server B. Damit schließt B die alte Verbindung mit

$$SEQ_B = SYN\_B_{ALT}$$

und öffnet die Verbindung mit

$$SYN\_B_{NEU}, ACK(SYN\_C + 1),$$

unter Beibehaltung des alten Ports neu. Daß heißt, die neue Sequenznummer des Servers ergibt sich zu:

$$SEQ\_B_{NEU} = SYN\_B_{NEU}.$$

Der Client A reagiert darauf mit:

$$SEQ\_A, ACK(SYN\_B_{ALT} + 1),$$

daß heißt, er erwartet eigentlich ein Paket von B mit der ursprünglichen Sequenznummer

$$SEQ\_B_{ALT} = ACK(SYN\_B_{ALT} + 1)$$

des Servers B.

Die Verbindung ist damit im desynchronisierten Zustand. [JONCHERAY] bezeichnet diese Variante als "Frühe Desynchronisation". Variante 2, die sogenannte "Null Daten Desynchronisation" besteht darin, daß der Angreifer C sowohl an Client A als auch Server B große Datenmengen ohne Bedeutung schickt. [JONCHERAY] verwendet als Beispiel den Telnet-Dienst, wobei hier Daten mit dem "No Operation"-Kommando (NOP) verschickt werden, die Telnet-Server und -Client einfach ignorieren, die TCP-Verbindung jedoch desynchronisieren sollen.

Anwendungen, die auf dem verbindungslosen UDP basieren, sind nicht sicher. Der Angreifer profitiert generell von der einfachen Beeinflussungsmöglichkeit des Protokolls. Einige der Hauptanwendungen sind weitverbreitete Anwendungen, die alle auf der Technik des Remote Procedure Call (RPC) und dem UDP basieren: Network File System (NFS) zur netzweiten Verfügbarkeit von Dateien und Network Information System (NIS), vormals "Yellow Pages",[6] zur netzweiten Administration von Nutzern, Gruppen und Zugriffsrechten.

5.3.1 RPC-Anwendungen: NFS/NIS

Remote Procedure Calls (RPC) bieten dem Programmierer die Möglichkeit, netztransparent Anwendungen aufzubauen, die Teile oder ganze Programme auf anderen Rechnern im Netz ausführen. Parameterübergabe wird dabei rechnerarchitekturunabhängig von RPC-Bibliotheksfunktionen mittels sogenannter External Data Represantation (XDR) realisiert. Clients und Server kommunizieren in der Regel über UDP, wobei die Transport-Endpunkte (Ports) über eine Vermittlerapplikation dynamisch vergeben (registriert) werden. RPC ist theoretisch eher in der Application Layer angesiedelt, wird hier jedoch aufgrund seiner Eigenheiten extra betrachtet.

Der NFS- und NIS-Dienst kann mit einfachen Techniken durch einen Angreifer mit dem Ziel, Administratorrechte (Root-Benutzer) auf Client-Maschinen zu erlangen gefälscht werden (siehe Abschnitt 6.4!).

5.4   Application Layer

5.4.1 BOOT-Protokoll, File Transfer (TFTP/FTP)

Das UDP-basierte BOOT-Protokoll dient vor allem in Verbindung mit dem Trivial File Transfer Protokoll (TFTP) zur Einbindung netzweiter Rechner (Diskless Clients) ohne eigene Festplatte. Über Broadcast-Rufe wird vom Client die Übertragung eines Bootfiles vom BOOTP-Server angefordert, die dann über TFTP realisiert wird. [RFC951]

TFTP arbeitet ohne Authentifikation, jede Datei, die World-Readable ist, kann abgeholt werden. Insbesondere systemrelevante Dateien, die Informationen über Nutzer, Nutzergruppen u.ä. enthalten, sind daher gefährdet.

---

[6]Beide erstmals durch Fa. SUN Microsystems eingeführt.

FTP arbeitet mit Authentifikation des Nutzers über die gängige UNIX-Authentifikation, das heißt, es verwendet die /etc/passwd-Datei des Systems [RFC959]. Schwachpunkt ist hierbei die Übertragung von Account-Daten im Klartext, die somit in der Folge vom Angreifer genutzt werden können, um in der Identität des jeweiligen Nutzers zu arbeiten.

Probleme durch Anonyme FTP-Server

Vielfach werden Dateien auf einem FTP-Server zur allgemeinen Verfügbarkeit im Netz bereitgestellt. Ohne jegliche Prüfung der Identität des Abholenden wird die Möglichkeit durch den Betreiber geboten, Daten vom Server abzuholen oder abzulegen.

Hauptschwachpunkt ist hier die mögliche unvorsichtige Konfiguration des Servers. So ist es zum Beispiel möglich, daß ein Angreifer die gesamte Festplatte des Servers mit Daten füllt und damit das System in einen Ausnahmezustand bringt. Bei bestimmten Versionen des FTP-Dämonprogramms ist es weiterhin möglich, Daten an einen beliebigen TCP Port auf einem beliebigen Host zu senden. Dem FTP-Server wird dabei vorgetäuscht, daß es sich bei dem Partner ebenfalls um ein FTP-Programm handelt [ATKINS].

5.4.2 Mailsystem (SMTP/POP3)

Einer der meist genutzten Dienste in Netzen die Kommunikation per elektronischer Nachrichten (EMAIL). Die Umsetzung kann durch Mailserver realisiert werden die mittels Simple Mail Transfer Protokoll (SMTP) die Nachrichten untereinander vermitteln. Mailclient-Programme können dann für jeden Nutzer die Nachrichten über das Post Office Protokoll (POP) abholen und zur Bearbeitung bereitstellen.

Die Vermittlung wird meist durch ein recht komplexes Dämon-Programm "sendmail" durchgeführt. Aufgrund der Größe und Komplexität des Programms sind mehrere Schwächen bekannt:

- **Nichtprüfung des Absenders** - Mailabsender können frei gewählt werden, es ist nicht verifizierbar, ob die Nachricht vom angegebenen Sender kommt oder nicht. Wünschenswert wäre hier zumindest ein Resolving der Domain über den Nameserver, ob Domain oder Host reell sind und ein Ablehnen der Nachricht, wenn der Hostname nicht gefunden werden kann[7].

- **Überschreibbarkeit von Systembereichen und Pufferspeichern** - Bei bestimmten Programmversionen werden Speicherbereichsgrenzen durch das Programm nicht geprüft, die bei Überschreitung zu unerwartetem Programmverhalten führen. Vielfach läuft der Sendmail-Prozeß mit hohen Systemprivilegien. Ausnutzung von Schwächen des Programms kann

---

[7]Es gibt einen Vorschlag, bei dem sendmail mit einem sog. identd-Dämon zusammenarbeitet, der versucht, die Adressdaten zu prüfen.

daher die Ausführung von priviligierten Kommandos begünstigen. Es handelt sich hier offensichtlich um Programmier- und Programm-Design-Fehler.

- **Ausgabe von Systeminformationen** - Das Sendmail-Programm kann durch den Angreifer zur Ausgabe von systemrelevanten Informationen mißbraucht werden. So können zum Beispiel alle Nutzernamen eines Systems in Erfahrung gebracht werden.

- **Ausführung von externen Programmen abhängig vom Mailformat (Multipurpose Internet Mail Extensions (MIME))** - Bei Fehlkonfiguration des Empfängersystems können unerwünschte Aktionen ausgelöst werden, zum Beispiel Überschreiben systemrelevanter Dateien beim Empfänger

- **Ausnutzung des DEBUG-Modus** - Der Testmodus kann zum unerwünschten Ausführen priviligierter Aktionen durch einen Angreifer führen.

5.4.3 Remote Login (telnet)

Der Telnet-Dienst dient der netzweiten Terminal-Emulation, jegliche Ein- und Ausgaben des entfernten Hosts werden über das Netz übertragen und lokal dargestellt [RFC854]. Hauptschwachpunkt ist hier die nicht verschlüsselte Übertragung von Nutz- und Protokolldaten inklusive Accountdaten, die zur anfänglichen Anmeldung am entfernten Host notwendig sind. Damit ist es möglich, Login-Namen und Passwort im Klartext abzuhören und entsprechend zu mißbrauchen. Sinnvoll ist in jedem Falle die Verwendung von einmaligen Passwörtern. Da eine bestehende Verbindung durch einen Angreifer durch die Sequenznummerndesynchronisation angegriffen werden kann, sollte der Dienst auch in diesem Falle nur eingeschränkt genutzt werden.

5.4.4 R-Dienste von BSD-UNIX

Die sogenannten "R-Tools" wurden erstmals von BSD-UNIX eingeführt und dienen der Fernausführung von Kommandos, Dateitransfer und entferntem Login auf anderen Rechnern im Netz. Mit den "R-Tools" wurde die "Trusted Host"-Relation erstmals eingeführt, die vermeiden sollte, daß Accountdaten im Klartext über das Netz übertragen werden. Durch die Datei **/etc/hosts.equiv** oder die Datei **$HOME/.rhosts** im Home-Verzeichnis des jeweiligen Systemnutzers auf den kommunizierenden Rechnern, in denen die Hostnamen der Rechner eingetragen sind, wird die "Trusted Host"-Relation zwischen diesen beiden Systemen begründet. Da den Hostnamen ebenso wie IP-Adressen kein Vertrauen entgegen gebracht werden kann, ist die "Trusted Host"-Relation durch einen Angreifer ausnutzbar.

5.4.5 Weitere Dienste und Anwendungen

Einen Überblick zu unterstützten Diensten auf einem System kann man unter anderem durch Ausdruck der Datei **/etc/services** sowie **/etc/inetd.conf**

erhalten. Hier sind alle Dienstbezeichnungen mit ihren jeweiligen Transportend-
punkten verzeichnet. Nummern unter 1024 sind dabei priviligierten Prozessen
vorbehalten. Ports über 1024 können von jeder Anwendung genutzt werden.

```
# Network services, Internet style
# Servicename    well-known port/transport protocol remark

echo            7/tcp
echo            7/udp
discard         9/tcp           sink null
discard         9/udp           sink null
systat          11/tcp          users
daytime         13/tcp
daytime         13/udp
netstat         15/tcp
qotd            17/tcp          quote
chargen         19/tcp          ttytst source
chargen         19/udp          ttytst source
ftp-data        20/tcp
ftp             21/tcp
telnet          23/tcp
smtp            25/tcp          mail
time            37/tcp          timserver
time            37/udp          timserver
rlp             39/udp          resource        resource location
nameserver      42/udp          name            IEN 116
whois           43/tcp          nicname
domain          53/tcp          nameserver      name-domain server
domain          53/udp          nameserver
mtp             57/tcp                          deprecated
bootps          67/udp                          bootp server port
bootpc          68/udp                          bootp client port
...
```

Netzdienste, die nicht per inetd-Serverprogramm verwaltet werden, können
via **ps** -Kommando erkannt werden.

Als sicherheitstechnisch kritisch sind vor allem zu werten:

- **DNS** - Umsetzung von IP-Adressen auf Host- und Netzwerknamen nach
  [RFC830]. Gefahr besteht hier vor allem durch eine Zuordnung des Do-
  mainnamens eines "Trusted Host" zu einer IP-Adresse des Angreiferhosts,
  die diesen wiederum zum "Trusted Host" macht und Angriffe auf die "Trusted Host"-Relation erleichtert.

- **Finger** - Adress- und Namensverzeichnisdienst. Gefahr besteht hier in einem Überangebot an Information für einen Angreifer, unter anderem wird mitgeteilt, wann der Nutzer das letzte mal mit dem System gearbeitet hat:

```
Login: albre            Name: Caldera Desktop User
Directory: /home/albre   Shell: /bin/bash
Last login Fri Sep 13 21:22 (MET DST)
on ttyp3 from albre_rs6000
No mail.
No Plan.
```

Beispielausgabe des Finger-Kommandos

Ein Angriff wird unter Umständen mehr Erfolg zeigen bei einem Nutzer, der sich lange nicht mehr im System eingeloggt hat. Weiterhin kann ermittelt werden, ob der Nutzer aktuell eingeloggt ist und damit zur Zeit kein Angriff auf diesen Account versucht werden sollte.

Ein Programmfehler einer frühen Version, der zum Überschreiben von Pufferspeichern führte, wurde durch den Internet-Virus von 1988 zur Ausführung einer Shell mit Root-Privilegien ausgenutzt [EICHIN].

- **NTP** - Network Time Protocol. Der Dienst synchronisiert die Uhren auf eine einheitliche NTP-Server-Zeit durch Broadcast-Sendungen auf allen NTP-Clients im Netz. NTP kann von einem Angreifer durch Spoofing, Modifikation, Wiederholung von Paketen, Löschung von Paketen sowie durch "Denial of Service"-Angriffe gestört werden.

- **X-WINDOWS** - Netzweites grafisches Client-Server Fenstersystem zur Darstellung von Informationen verschiedener Rechner im Netz auf einem Bildschirm. Ein auf dem darstellenden System laufender X-Server kann durch Abhören und nicht authorisierte Eingabeerzeugung von Angreifern beeinflußt werden.

Neuere Dienste und Anwendungen zielen hauptsächlich auf den Sektor der Übertragung von Audio- und Videodaten, wie Internet Telefonie oder Videokonferenzen. Da die Entwicklung dieser Dienste auf dem experimentellen Sektor anzusiedeln ist, lassen sich momentan nur begrenzt Aussagen zu Sicherheitslücken treffen.

5.5   Relevanz und Unterschiede zwischen LAN und WAN

Tendenziell läßt sich sagen, daß in lokalen Netzen mehr UDP-basierte Dienste als in Weitverkehrsnetzen zum Einsatz kommen. Das hängt unter anderem damit zusammen, daß die Wahrscheinlichkeit des Verlustes von Daten durch

Übertragungskanalstörungen weitaus geringer ist als in WAN's. Damit reicht das unzuverlässige Datagramm-Protokoll meist aus, während in WAN's mit langen Übertragungswegen oft Übertragungswiederholungen notwendig werden, die durch das TCP realisiert werden.

Dienst	Protokoll	LAN	WAN
ARP/RARP		unbedenklich	nicht empfohlen
BOOTP	UDP	bedenklich	nicht empfohlen
TFTP	UDP	bedenklich	nicht empfohlen
FTP	TCP	nur mit One-Time-Passwort	nur mit One-Time-Passwort
SMTP/POP3	TCP	Abhörgefahr	programmabhängig
Telnet	TCP	nur mit One-Time-Passwort	nur mit One-Time-Passwort
RPC	UDP	nur als Secure-RPC	nicht empfohlen
NFS/NIS	UDP	nur mit Secure-RPC	nicht empfohlen
R-Dienste	TCP	nicht empfohlen	nicht empfohlen
Weitere Dienste			
DNS	UDP/TCP	Fälschungsgefahr	Fälschungsgefahr
Finger	TCP	bedenklich	nicht empfohlen
NTP	TCP	nicht als Basis für Authentikationssysteme	nicht empfohlen
X-WINDOWS	UDP/TCP	Abhörgefahr	nicht empfohlen

Tabelle 5.3: Dienste in LAN und WAN

Als grundlegende Aussage bei allen Netzwerkdiensten läßt sich festhalten:

Jeder Dienst birgt Sicherheitsrisiken, die erheblich von Programmversion und Konfiguration des Dienstes abhängen.

In der Literatur finden sich Angaben aus Analysen zur Systemsicherheit, unter anderem in [STOLL][ATKINS]. So gibt zum Beispiel [STOLL] an, daß von etwa 450 Login-Versuchen mit Login-Namen wie "root", "guest" u.ä. 22 erfolgreich waren.

Von 50 Sicherheitslöchern wurden 9 durch Konfigurationsfehler, 3 durch Hersteller-Softwarefehler bei Wartungsarbeiten sowie 38 durch Software-Designfehler verursacht [ATKINS].

Statistischen Angaben aus [KYAS] folgend, ergibt sich eine Häufigkeit der im Internet durchgeführten Angriffe:

1. Angriff durch Abhören (Sniffing)

2. Fälschung von Absenderadressen in Internet-Protokoll-Paketen

3. Angriff durch Ausnutzung von Schwächen des Mailsystems

4. Angriff durch Ausnutzung von Schwächen des Network File System

5. Angriff durch Ausnutzung von Schwächen des Network Information System

Angriffe aller angeführten Kategorien werden im folgenden Kapitel in ihrer praktischen Durchführung ausführlich beschrieben.

Kapitel 6

Praktische Angriffsszenarien in einer TCP/IP-Umgebung

Zu Test- und Analysezwecken wurden im Rahmen der Arbeit eine Reihe von Programmen erstellt, die Schwächen wie in Kapitel 5 angeführt ausnutzen. Daneben wurden existierende Lösungen zum Teil integriert oder erweitert. Die Implementierung erfolgte unter dem Betriebssystem LINUX 1.2.8 in der Programmiersprache C. Zum Test stand ein relativ kleines lokales Ethernet zur Verfügung (Hostnamen in Hochkommata):

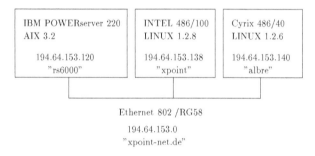

Abbildung 6.1: Testumgebung für praktische Angriffsszenarien

Als zweckmäßig gestaltete sich die Verwendung von mindestens 3 Hosts, da bei einer Reihe von Szenarios 3 Parteien existieren mußten. Im folgenden wird in den Szenarien auf die hier aufgeführten Hostnamen Bezug genommen.

6.1 Demonstrationen in einer LINUX-Umgebung: Einschränkungen, Grenzen und Möglichkeiten

LINUX ist ein UNIX-Betriebssystem, das unter freiwilliger Mitarbeit von verschiedenen Programmierern entstand, wobei die Kommunikation und der Austausch der Programmdaten des Betriebssystems in erster Linie über das Internet stattfand. Man kann insofern nicht von einem professionellen Software-Engineering wie bei einem kommerziellen Produkt sprechen. Trotzdem liegt nach einigen Jahren eine sehr stabile Betriebssystemversion vor[1], die ständig weiterentwickelt wird[2].

In jedem Falle ist ein in dieser Weise entstandenes Produkt aus Sicht der Datensicherheit als skeptisch zu werten und es stellt sich die Frage, daß bei einem Nachweis von Unsicherheit zu beachten ist, ob die Quelle im unsicheren Betriebssystem oder im netztechnischen Umfeld zu lokalisieren ist. Bewußt wurde daher nicht die aktuellste, sondern eine Version genutzt, die nach langen und intensiven Tests schon länger beim Autor im Einsatz ist.

Ein entscheidender Vorteil und Hauptursache der Wahl des Systems für die Tests war der Fakt, daß sämtliche Quellen vorliegen. Im besonderen Maße gilt dies für die komplette Netzwerkprotokollimplementierung im Hauptteil des Systems, dem Kernel. Weitreichende Manipulationsmöglichkeiten konnten damit ausgenutzt und analysiert werden.

Die dargestellten und untersuchten Sicherheitslücken lassen sich mit dem LINUX-System gut demonstrieren, sie sind jedoch *nicht* LINUX-spezifisch, sondern Probleme der eingesetzten Protokolle und/oder Dienste und damit Lücken, die auf allen Systemen auftreten können, die diese Protokolle und Dienste einsetzen. Das LINUX-System wird als Werkzeug verwendet, generelle Probleme zu demonstrieren.

6.2 Accountdatensammlung durch Packetsniffing am Beispiel der Dienste Telnet und FTP

Als Packetsniffing wird das vom adressierten Datenempfänger unbemerkte Abhören und Auswerten von Netzwerkpaketen durch Dritte bezeichnet. Es handelt sich um einen passiven Angriff, bei dem die übertragenen Daten durch den Observierenden nicht verändert werden. Benutzt wurde das extrem leistungsfähige Programmpaket `tcpdump 3.0`, das ursprünglich am Lawrence Berkeley Laboratory erstellt wurde und von Richard Kooijman für LINUX angepaßt wurde. Mit dem Programm werden alle Pakete nach ihrem jeweiligen Inhalt interpretiert ausgegeben. Das Programm wurde im Rahmen der Arbeit vom Autor für alle aktiven Angriffsszenarien erweitert, bei denen Datenpakete der anzugreifenden Gegenseite zunächst observiert werden mußten, um dann entsprechende Reaktionen auszulösen. Weiterhin werden gekürzte Ausgaben des Programms hier verwendet, um hier Abläufe detailliert darzustellen.

---

[1]Der Autor hat in seiner sehr intensiven Arbeit mit dem System seit Jahren keinen Totalabsturz erlebt.
[2]Es liegt z.Zt. Kernelversion 2 vor.

Das Programm wurde zunächst zu Zwecken der Accountdatensammlung erweitert, indem die Nutzdaten jedes TCP/IP-Frames zur Laufzeit analysiert werden, ob die Schlüsselwörter "[L]ogin " und "[Pass]word " übertragen werden. Ist dies der Fall, werden die entsprechenden Daten aufgezeichnet. Ausgenutzt wird hier die Schwäche, daß Dienste sämtliche Kommunikation im Klartext abwickeln. Die Daten werden vom Programm in einer Datei harmless_data gespeichert, wobei der Dateiname unauffällig sein sollte[3]:

```
...
TIME: Thu Oct 17 16:55:23 1996 SERVICE: ftp
SOURCE_HOST: albre -> TARGET_HOST: xpoint
USER: anonymous PASSWORD: foo@com


TIME: Thu Oct 17 16:38:56 1996 SERVICE: telnet
SOURCE_HOST: xpoint -> TARGET_HOST: albre
USER: root PASSWORD: 00d:lddd


TIME: Thu Oct 17 16:38:50 1996 SERVICE: telnet
SOURCE_HOST: xpoint -> TARGET_HOST: albre
USER: albre PASSWORD: nnkiddl


TIME: Thu Oct 17 16:27:50 1996 SERVICE: ftp
SOURCE_HOST: rs6000 -> TARGET_HOST: albre
USER: b PASSWORD: klorekkd


TIME: Thu Oct 17 16:27:03 1996 SERVICE: telnet
SOURCE_HOST: rs6000 -> TARGET_HOST: albre
USER: foobar PASSWORD: ..78jj
...
```

Besonders bedenklich stellt sich in diesem Falle die Anmeldung als Systemadministrator oder anderweitig priviligierter Nutzer dar (hier als "root"). Denkbar wäre eine Erweiterung des Programms, um sofort einen aktiven Angriff per FTP unter Ausnutzung der gesammelten Daten zu starten. Beispielsweise durch Aufspielen einer neuen Datei $HOME/.rhosts, um den Angreiferhost für den attackierten Host als vertrauenswürdig einzustufen.

6.3   Aktive Beeinflussung des Protokollverhaltens

Eine Reihe von Maßnahmen zielt auf Störung des normalen Netzbetriebes ab, wie zum Beipiel Datenüberflutung oder das Senden gefälschter ICMP-Pakete, das heißt, der Nutzer hat offensichtliche und merkliche Störungen im Ablauf seiner Netzsitzung (Einschränkung der Datenrate, Verbindungsabbau etc.). Andere Maßnahmen versuchen, die bestehende Verbindung auszunutzen oder für

---

[3]Beispieldateiname: ...

eigene Zwecke auszunutzen, wie zum Beispiel die Ausnutzung der "Trusted Host"-Relation oder das Fälschen von NIS-Paketen. Der Nutzer merkt in diesen Fällen nicht offensichtlich, daß eine Beeinflussung des Netzverkehrs erfolgt.

Die technische Grundlage fast aller im folgenden beschriebenen Angriffe ist die Ausnutzung der RAW_SOCKET-Schnittstelle, wobei es möglich ist, eigene Datenpakete im User-Prozeß analog zur Protokollimplementierung im Kernel-Level zu erstellen. Die neu erstellten Pakete werden vom Kernel lediglich unter Anfügung des Link-Level-Headers direkt auf das Netz übertragen. Funktionen, die sonst die Protokollimplementierung im Kernel realisiert, werden im User-Prozeß umgesetzt (Protokollkopf zusammensetzen, Checksummenberechnung etc).

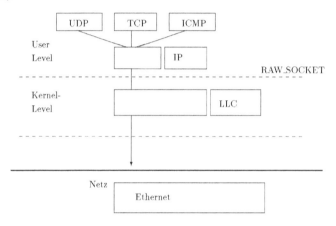

Abbildung 6.2: Verdeutlichung der Paketzusammenstellung über RAW_SOCKET's

Defakto wird im User-Prozeß das Protokollverhalten der Kernel-Implementierung mit bestimmten Abwandlungen nachgebildet. Wie Abbildung 6.2 verdeutlicht, können sowohl TCP-, UDP- als auch ICMP-Pakete zusammengestellt werden. Es wird dann der IP-Protokollkopf zugefügt und das Paket über das RAW_SOCKET verschickt. Eine für Linux spezifische Erweiterung stellt darüber hinaus die Möglichkeit dar, Datenpakete auf dem LLC-Level zu senden und empfangen. Die Realisierung wird durch ein SOCK_PACKET-Socket ermöglicht, wobei eine neue Protokollfamilie im User-Level definiert werden kann. Durch den Kernel erfolgt die Zustellung der Daten direkt aus dem Kommunikationsspeicher des Netzadapters an das definierte Socket. Es erfolgt kein Prozessing im IP-Level. Damit ist es beispielsweise möglich, Netzwerkschicht-Funktionen unabhängig vom IP im User-Level zu nutzen.[4]. Mit dieser Funktionalität ist

---

[4]Ein unschätzbarer Vorteil, da zur Protokollentwicklung nicht in den Kernel eingegriffen

es im Vergleich zu anderen UNIX-Betriebssystemen in Linux ohne größeren Aufwand möglich, ARP-Pakete zu fälschen.

6.3.1 IP-Adressmaskerade (IP-Spoofing)

Durch die bereits beschriebene Technik der eigenen Paketkomposition ist es problemlos möglich, im Feld der IP-Senderadresse im IP-Protokollkopf eine Adresse einzusetzen, die nicht der eigenen Hostadresse entspricht. Das dann versendete Paket ist in seinem Ursprung für den Empfänger nicht mehr validierbar. Diese Technik wird als IP-Adressmaskerade oder IP-Spoofing (Fälschung) bezeichnet.

Die IP-Adressumwandlung wird nicht nur für Angriffe mißbraucht, üblich sind Techniken für Netzgateways, die nur über eine begrenzte Anzahl offizieller IP-Adressen[5] verfügen und in Paketen die offizielle Adresse gegen eine inoffizielle Adresse des internen IP-Netzes austauschen und entsprechend weiterleiten (IP-Relay).

6.3.2 Angriffe durch gefälschte ICMP-Pakete

Das Senden gefälschter ICMP-Nachrichten dient in erster Linie der Störung des normalen Netzbetriebes. Ein weiterer Nutzen für den Angreifer besteht nicht. Generell muß jede IP-Implementierung über das Internet Control Message Protocol verfügen, um bestimmte Umstände im Netz dem nächsthöheren Level (Transport) zu signalisieren. Die gefälschten ICMP-Pakete täuschen nun einen fehlerhaften Zustand vor, der das Transportprotokoll entsprechend reagieren läßt.

Die Implementierung erfolgte im Programmpaket `tcpdump`, indem zu empfangenen Paketen anderer Netzstationen diesen Stationen ICMP-Pakete zugestellt wurden, wobei ein Teil des empfangenen Paketes wieder im ICMP-Paket enthalten sein muß (IP-Protokollkopf und ein Teil der IP-Nutzdaten, i.d.R. ein Teil eines TCP- oder UDP-Pakets, das vom Netz abgehört wurde).

Im Falle der Unreach-Meldungen muß der Angreifer dafür sorgen, daß die Pakete den anzugreifenden Host während des TCP-"Three-Way-Handshake" erreichen, da diese ansonsten ignoriert werden [STEVENS2].

In einem Beispiel wird ein Telnet-Verbindungsaufbau von Host "albre" zu Host "rs6000" versucht, während vom Angreiferhost "xpoint" ein ICMP-Paket *ICMP_PORT_UNREACH* mit der Quelladresse von "rs6000" (IP-Spoofing) verschickt wird. Der Ausgangsport auf Host "albre" ist 1038. Der Verbindungsaufbau erfolgt durch regulären TCP-Three-Way-Handshake, wobei das erste Paket mit gesetztem SYN-Flag und Sequenznummer 348324 durch Host "rs6000" mit

---

werden muß In der Linux-Entwicklung wurde auf diesem Wege zum Beispiel die Kommunikation mit dem APPLETALK-Protokoll ermöglicht.

[5]IP-Adressen werden weltweit eindeutig zugeteilt

Nachricht	Type	Code
ICMP_SOURCE_QUENCH	4	
ICMP_NET_UNREACH	3	0
ICMP_HOST_UNREACH	3	1
ICMP_PROT_UNREACH	3	2
ICMP_PORT_UNREACH	3	3
ICMP_FRAG_NEEDED	3	4
ICMP_REDIR_NET	5	0
ICMP_REDIR_HOST	5	1
ICMP_PARAMETERPROB	12	

Tabelle 6.1: Implementierte ICMP-Nachrichten

der Sequenznummer 100966 beantwortet wird. Mit dem dritten Paket wechselt die Verbindung in den Zustand ESTABLISHED, es können nun Daten zwischen beiden Kommunikationspartnern ausgetauscht werden. Nach Empfang des Angreiferpaketes durch Host "albre" erfolgt der Verbindungsabbruch, indem ein Paket mit gesetztem FIN-Flag geschickt wird.[6]:

```
...
albre.1038 > rs6000.telnet: S 348324:348324(0)
rs6000.telnet > albre.1038: S 100966:100966(0) ack 348325
albre.1038 > rs6000.telnet: . ack 348325
rs6000 > albre: icmp: rs6000 tcp port telnet unreachable
albre.1038 > rs6000.telnet: F 4092570:4092570(0) ack 348325
...
```

Im Ergebnis des Verbindungsabbruchs stellt sich die Situation für den Dienstanwender auf dem Terminal von Host "albre" wie folgt dar:

```
albre@albre:/home/albre > telnet rs6000
Trying 194.64.153.120...
Connected to rs6000.
Escape character is '^]'.
Connection closed by foreign host.
```

Es handelt sich um eine rein destruktive Attacke ohne weiteren Nutzen für den Angreifer, abgesehen von erreichten Verbindungsabbrüchen.

[6]Das Programm gibt mehr Informationen aus, als hier angegeben werden. Diese Ausgaben wurden aus Gründen der Klarheit und Übersichtlichkeit gekürzt. Generell wird durch diese Form des Paketaustausches die Kommunikation auf dem Netzwerk eindeutig dokumentiert.

6.3.3 Blockierung der Netzstation durch Datenüberflutung (Brute-Force-/Denial-of-Service-Attack)

Durch die Aussendung von Verbindungsaufbauwünschen in hoher Rate durch den Angreifer kann das adressierte Zielsystem teilweise keine oder verzögerte Verbindungen zu anderen Netzteilnehmern aufbauen. In der trivialen Variante ohne Behandlung der Reaktion der angegriffenen Netzstation wird in kurzer Folge eine hohe Anzahl von TCP-Paketen mit gesetztem SYN-Flag an den anzugreifenden Host gesendet:

```
...
xpoint.2000 > albre.ftp: S 252:252(0)
albre.ftp > xpoint.2000: S 33530553:33530553(0) ack 253
xpoint.2000 > albre.ftp: R 253:253(0)
...
```

Der Angreifer sendet in diesem Beispiel Pakete mit Absenderadresse von Host "xpoint" an Host "albre" mit dem Wunsch, eine FTP-Verbindung zu eröffnen, wobei als Ausgangsport 2000 und als Sequenznummer 252 festgelegt werden. Das dritte dargestellte Paket von "xpoint" an "albre" ist die Reaktion der TCP-Implementierung von "xpoint", die mit einem Paket an Port 2000 nichts anfangen kann, da die Verbindung durch das Angreiferprogramm im User-Level, und nicht durch das TCP initiiert wurde. Das TCP sendet daher ein Reset-Paket an "albre".

Der Empfänger ist nun mit dem Processing der Angreiferpakete derart beschäftigt, daß Verbindungsaufbauwünsche anderer Netzteilnehmer entweder verzögert oder durch Überlastung überhaupt nicht mehr bearbeitet werden können. In einem Test wurden vom Autor erhebliche Einschränkungen der Übertragungsraten festgestellt:

FTP-Übertragung 7 MB (Datenraten in KB/s)			Flutung Port21 (100000 Pakete)
albre → rs6000	albre → xpoint	xpoint → rs6000	
400	195	240	albre → rs6000
250	190	245	rs6000 → albre
405	185	240	xpoint → rs6000
275	190	245	xpoint → albre
555	230	310	ohne

Tabelle 6.2: Übertragungseinschränkung durch Datenflutung

Es wurde die gemittelte Datenrate gemessen, die sich in 5 Übertragungen durch den FTP-Befehl PUT einer etwa 7 MB großen Datei ergab. Die rechte Spalte gibt die Strategie des Angriffs wieder, wobei der Angriff praktisch stets vom Host "xpoint" erfolgte und die Absenderadresse durch Spoofing entsprechend gesetzt wurde. In der Folge ergibt sich eine höhere Rate bei der Übertragung von "albre" zu "rs6000", da "xpoint" neben dem normalen Protokollprocessing durch den Angreiferprozeß und dessen Paketgenerierung erheblich mehr belastet ist als die anderen beiden beteiligten Rechner der Testumgebung. Abgesehen von Differenzen, die durch unterschiedliche Leistungsfähigkeit der Protokollimplementierung und des Netzwerk-Interface im einzelnen Host hervorgerufen werden, kann jedoch generell ein Performanceeinbruch in Größenordnungen von bis zu 30% beobachtet werden, der eindeutig durch den Angriff bewirkt wird.

Wird vom Angreifer die Reaktion des angegriffenen ausgewertet, daß heißt, wird ein SYN-Paket mit der richtigen nächsten Sequenznummer gesendet, kann ein regulärer TCP-Three-Way-Handshake simuliert werden. Bestimmte TCP-Implementierungen begrenzen die maximale Anzahl gleichzeitig geöffneter Verbindungen, so daß keine weiteren Verbindungen zum angegriffenen Host mehr aufgebaut werden können (Connection-Queues des zugeordneten Sockets). Abbildung 6.3 verdeutlicht die Zusammenhänge:

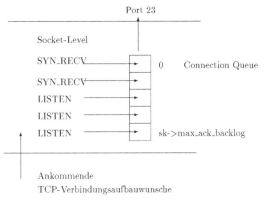

Abbildung 6.3: Zusammenhang von TCP-Applikation und Socket-Connection-Queue

[STEVENS3] führt an, das jedem TCP-Server, der auf einer Netzstation auf Verbindungsaufbauten von Clients wartet (TCP-Zustand LISTEN), eine Connection-Queue mit begrenzter Länge zugeordnet ist, wobei das obere Limit durch den `backlog`-Parameter (LINUX = `max_ack_backlog`-Parameter) festgelegt wird. Im Normalfall läuft der Verbindungsaufbau in verschiedenen Phasen ab:

1. TCP-Verbindungsaufbau mit Three-Way-Handshake: nach Empfang des ersten Paketes, das die Verbindung eröffnet (TCP-Paket mit gesetztem SYN-Flag im TCP-Protokollkopf), wird ein Platz in der Connection-Queue des Sockets, das dem Telnet-Server zugeordnet ist, "belegt" (Wechsel vom LISTEN- in den SYN_RECV-Zustand

2. TCP-Three-Way-Handshake wird ordnungsgemäß abgeschlossen: Wechsel in den ESTABLISHED-Zustand; der Server "entfernt" die akzeptierte TCP-Verbindung aus der Connection-Queue des Sockets. Kann der TCP-Three-Way-Handshake nicht abgeschlossen werden, erfolgt die Freigabe für neue Verbindungen nach Time-Out[7]

3. Der Platz in der Connection-Queue wird frei für neue Verbindungen: Wechsel in den LISTEN-Zustand

In Abbildung 6.3 liegt der **max_ack_backlog**-Parameter bei 4, zwei Verbindungen wurden aufgebaut und befinden sich im SYN_RECV-Zustand. Drei weitere Verbindungen können noch aufgebaut werden (LISTEN-Zustand).

Weiterhin wird das Protokollprocessing verzögert und es kann unter Umständen zu Speichermangel kommen. So findet sich in der TCP-Implementierung des LINUX-Kernels in der Funktion zur Annahme einer neuen TCP-Verbindung (`tcp_conn_request`) folgender Test:

```
/*
 * Make sure we can accept more.  This will prevent a
 * flurry of syns from eating up all our memory.
 */

if (sk->ack_backlog >= sk->max_ack_backlog)
{
  tcp_statistics.TcpAttemptFails++;
  kfree_skb(skb, FREE_READ);
  return;
}
```

In der erfolgten experimentellen Implementierung des simulierten TCP-Verbindungsaufbaus mit komplettem Three-Way-Handshake wurde ein merklich stark verzögertes Handling bei einem versuchten regulären Telnet-Verbindungsaufbau mit dem attackierten Rechner festgestellt. Ein beispielhafter Austausch der Pakete in einem derartigen Szenario stellt sich wie folgt dar:

---

[7] Meist implementierungsabhängig

```
...
xpoint.2002 > albre.telnet: S 252:252(0)
albre.telnet > xpoint.2002: S 165595669:165595669(0) ack 253
xpoint.2002 > albre.telnet: R 253:253(0)
xpoint.2002 > albre.telnet: . ack 165595670
...
```

Das dritte dargestellte Paket von Rechner "xpoint" ist wiederum die normale TCP-Reaktion, die in diesem Falle vor dem abschließenden ACK-Paket des Fälscher den Host "albre" erreicht. Auf eine lang andauernde Aussendung von TCP-Eröffnungswünschen in Paketmengen zwischen 100 und 10000 Paketen reagiert das TCP mit einem RST-Paket, daß heißt, ein Verbindungsaufbau wird zunächst abgelehnt:

```
...
xpoint.2002 > albre.telnet: S 252:252(0) win 14591
xpoint.2002 > albre.telnet: S 252:252(0) win 14591
xpoint.2002 > albre.telnet: S 252:252(0) win 14591
xpoint.2002 > albre.telnet: S 252:252(0) win 14591
xpoint.2002 > albre.telnet: S 252:252(0) win 14591
albre.telnet > xpoint.2002: R 0:0(0) ack 253 win 0
xpoint.2002 > albre.telnet: S 252:252(0) win 14591
albre.telnet > xpoint.2002: R 0:0(0) ack 253 win 0
xpoint.2002 > albre.telnet: S 252:252(0) win 14591
albre.telnet > xpoint.2002: R 0:0(0) ack 253 win 0
...
```

[STEVENS2] gibt als typische Maximalgrenze 5 Verbindungen pro Socket für die Connection-Queues in der BSD4.4-Implementierung an. Das Angreiferprogramm könnte nun derart modifiziert werden, daß der gesamte Wertebereich der Sockets auf dem anzugreifenden Host mit sinnlosen Verbindungsaufbauwünschen überschwemmt wird. Das Ausmaß der Attacke wäre damit größer als mit der vorliegenden Version, die lediglich eine Socketadresse blockiert.

In einem Test zur Blockierung des Ports zur Aufnahme einer FTP-Verbindung wurden von "xpoint" 4 Pakete an "albre" geschickt, deren Quelladresse (="foo_host") gefälscht wurde. Da der Quellhost nicht existiert, wird die ARP-Anfrage von "albre" entweder durch "xpoint" gefälscht oder im ARP-Cache von "albre" manuell eingetragen. Im Ergebnis der Übertragung war es nicht mehr möglich, eine reguläre FTP-Verbindung zu "albre" aufzubauen. Die Situation auf "albre" kann mit dem **netstat**-Kommando dargestellt werden:

```
tcp  0  1 albre:ftp  foo_host:2100  SYN_RECV
tcp  0  1 albre:ftp  foo_host:2101  SYN_RECV
tcp  0  1 albre:ftp  foo_host:2102  SYN_RECV
tcp  0  1 albre:ftp  foo_host:2103  SYN_RECV
```

2100..2103 stellen die Ausgangsports für die fiktive Verbindung dar, die in den Angreiferpaketen eingetragen waren. SYN_RECV ist der Status der Socket-Verbindung auf Host albre.

Die 4.3BSD-Reno-basierte TCP-Implementierung auf Host "rs6000" stellte sich in dieser Hinsicht als robuster heraus. Trotz Portflutung konnte eine reguläre Verbindung aufgebaut werden. Möglicherweise wurde der `backlog`-Parameter durch den Hersteller mit einem höheren Wert vorkonfiguriert.

6.3.4 Desynchronisation einer TCP-Verbindung

Die TCP-Sequenznummern-Attacke (beschrieben in Abschnitt 5.3) wurde im Programm `tcpdump` implementiert. Es wird hierbei auf einen Verbindungsaufbau gewartet, zum Beispiel durch den Telnet-Dienst, dessen SYN-ACK-Sequenz durch den Versuch der neuen Sequenznummernzuordnung durch den Angreifer attackiert wird. Im Beispiel versucht der Telnet-Client auf Host "xpoint", eine Verbindung zum entsprechenden Server auf Host "albre" aufzubauen:

```
xpoint.1069 > albre.telnet: S 462904:462904(0)
albre.telnet > xpoint.1069: S 2910769709:2910769709(0) ack 462905
xpoint.1069 > albre.telnet: R 462905:462905(0)
xpoint.1069 > albre.telnet: S 463032:463032(0)
xpoint.1069 > albre.telnet: . ack 2910769710
xpoint.1069 > albre.telnet: P 462905:462932(27) ack 2910769710
albre.telnet > xpoint.1069: R 2910769710:2910769710(0)
```

Der Angreifer wartet auf ein SYN-ACK-Paket von "albre" (Schritt2 des TCP-Three-Way-Handshake), das er mit einem Desynchronisationsversuch (RST der alten Sequenznummer, SYN mit neuer Sequenznummer des Angreifers: Pakete 3 und 4) quittiert. Er verwendet natürlich die Quelladresse von "xpoint" (IP-Spoofing). Dieser Versuch wird von "albre" mit einem RST quittiert. In der LINUX-TCP-Implementierung findet sich dazu folgende Abfrage, womit die Desynchronisation abgewehrt wird. Durch Senden eines RST-Paketes wird die Verbindung unterbrochen:

```
...
/*
 * Send a reset if we get something not ours and we are
 * unsynchronized.
 */
```

```
if (sk->state==TCP_SYN_SENT || sk->state==TCP_SYN_RECV)
{
 tcp_reset(sk->saddr,sk->daddr,th,sk->prot,NULL,dev,
          sk->ip_tos,sk->ip_ttl);
               return 1;
}
...
```

Wird der Desynchronisationsversuch während bestehender Verbindung (TCP-ESTABLISHED-Zustand) versucht, erfolgt keine merkliche Störung. Die Pakete des Angreifers werden ignoriert und die Verbindung bleibt bestehen:

```
...
xpoint.1086 > albre.telnet: S 590956:590956(0)
albre.telnet > xpoint.1086: S 473023022:473023022(0) ack 590957
xpoint.1086 > albre.telnet: . ack 473023023
xpoint.1086 > albre.telnet: P 590957:590984(27) ack 473023023
xpoint.1086 > albre.telnet: R 590957:590957(0)
xpoint.1086 > albre.telnet: S 591084:591084(0)
xpoint.1086 > albre.telnet: P 590984:590996(12) ack 473023053
albre.telnet > xpoint.1086: . ack 590996
albre.telnet > xpoint.1086: P 473023053:473023077(24) ack 590996
...
```

Zum Vergleich wird hier die erwartete Reaktion angegeben, die analog zu den in Experimenten mit der SunOS-TCP-Implementierung aus [JONCHERAY] erzielten Resultaten verläuft:

```
...
xpoint.1086 > albre.telnet: S 590956:590956(0)
albre.telnet > xpoint.1086: S 473023022:473023022(0) ack 590957
xpoint.1086 > albre.telnet: . ack 473023023
xpoint.1086 > albre.telnet: P 590957:590984(27) ack 473023023
xpoint.1086 > albre.telnet: R 590957:590957(0)
xpoint.1086 > albre.telnet: S 591084:591084(0)

albre.telnet > xpoint.1086: S 2654336788:2654336788(0) ack 591085
xpoint.1086 > albre.telnet: . 590984:590984(0) ack 473023023
albre.telnet > xpoint.1086: S 2654336788:2654336788(0) ack 591085
xpoint.1086 > albre.telnet: . 590984:590984(0) ack 473023023
...
```

Die Pakete des Angreifers sind in Zeile 5 und 6 zu finden. Es kommt hierbei zu einem Zyklus von SYN-Paketen des Servers und ACK-Paketen des Clients, die vom Angreifer schließlich mit der neuen Sequenznummer 591085 und den Daten des letzten Client-Paketes beantwortet wird, das der Server nie erhalten hat. In [JONCHERAY] wird letzlich demonstriert, wie der Angreifer das Kommando 'ls' unbemerkt in einen desynchronisierten Telnet-Datenstrom einfügt. Weiterhin wird hier ausgeführt, daß die Netzlast durch die Übertragungswiederholungen des Servers und die ACK-Pakete als Antworten des Clients auf die nicht akzeptierbaren Pakete erheblich ansteigt, was auch als Entdeckungsmerkmal der Attacke verwendet werden kann.

6.4 Ausnutzung unsicherer Dienste am Beispiel NIS (Yellow Pages)

Durch Ausnutzung von IP-Spoofing kann ein Angreifer den NIS- und NFS-Dienst beeinflussen, um auf NIS- oder NFS-Client-Maschinen das Root-Recht zu erlangen. Das Prinzip des Attackerprogramms besteht darin, Pakete des NIS-/NFS-Servers zu fälschen und bevor der Server dem Client anworten kann, an den Client zu senden. Das realisierte Programm basiert auf Arbeiten von [HESS][8].

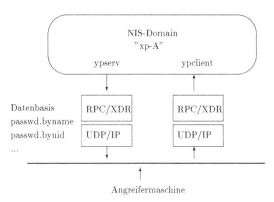

Abbildung 6.4: NIS-Spoofing nach [HESS]

In der Testumgebung fungierte "rs6000" als NIS-Server, "albre" als NIS-Client sowie "xpoint" als Angreifermaschine. Der Angreifer legt einen falschen Nutzer "fakeuser" in einer falschen Datenbasis an, in diesem Falle mit Root-

---

[8]..sowie Quellen von arny@geek.org.uk

Recht (UNIX User-ID 0). Anschließend startet er ein Login-Versuch mittels R-Login- oder Telnet-Dienst zum attackierten Client, wobei als Nutzername der falsche Nutzer ("fakeuser") verwendet wird. Die vom Client daraufhin initiierte Anfrage an den Server wird vom Angreiferprogramm unter Verwendung der IP-Adresse des Servers beantwortet. Die Nachricht des Angreifers enthält dabei die Daten der vorher angelegten falschen Datenbasis auf dem Rechner "xpoint". Im Ergebnis erhält der Angreifer Root-Zugriff auf die Clientmaschine und besitzt damit weitreichende Manipulationsmöglichkeiten. Von entscheidender Bedeutung ist dabei die Ankunft der falschen NIS-Nachricht beim Client vor der NIS-Antwort, die vom Server an den Client zugestellt wird. Abbildung 6.4 verdeutlicht die Zusammenhänge und den Ablauf des Angriffs im Detail. Erreicht die Nachricht vom Server den Client vor der gefälschten Antwort des Angreifers, so mißlingt der Angriff, da in der reellen NIS-Datenbasis kein entsprechender Nutzereintrag enthalten ist.

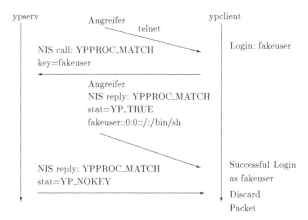

Abbildung 6.5: Austausch der NIS-Nachrichten zwischen Client, Angreifer und Server

Um die rechtzeitige Zustellung der Angreifernachricht an den Client sicherzustellen, waren im Test keine weiteren Maßnahmen notwendig. In der Praxis finden sich jedoch in aller Regel leistungsstarke Netzwerkserver, die durch Datenflutung dazu gebracht werden können, verzögert auf die NIS-Anfragen zu reagieren. Andererseits muß durch den Angreifer ohnehin ein zusätzliches System, auf dem er das Root-Recht besitzt, verwendet werden, da wiederum die Nutzung der RAW_SOCKET-Schnittstelle für den Angriff erfolgt. Dieses System kann entsprechend leistungsstark dimensioniert werden.

6.5 Fälschung von Electronic-Mail-Absenderkennungen

Eine der einfachsten Möglichkeiten, die Designschwächen von Diensten auszunutzen, stellt das anonyme Versenden elektronischer Post mit dem Protokoll SMTP dar. Durch direkte Eingabe der Protokollbefehlssequenzen mittels
Telnet-Dienst kann eine falsche Identität vorgetäuscht werden:

```
test@xpoint >telnet albre 25
Trying 194.64.153.140...
Connected to albre.
Escape character is '^]'.
220 albre Smail3.1.28.1 #1 ready at Wed, 6 Nov 96 12:19 GMT+0100
HELO foobar.com
250 albre Hello foobar.com
MAIL FROM:foo@foobar.com
250 <foo@foobar.com> ... Sender Okay
RCPT TO:albre
250 <albre> ... Recipient Okay
DATA
354 Enter mail, end with "." on a line by itself
fakemail
.
250 Mail accepted
QUIT
221 albre closing connection
Connection closed by foreign host.
test@xpoint >
```

Zeilen ohne Ziffer wurden vom Angreifer eingegeben. In der Folge erhält
damit der Empfänger die entsprechende Nachricht:

```
albre@albre:/home/albre > mail
Mail version 5.5 6/1/90.  Type ? for help.
"/var/spool/mail/albre": 1 message 1 new
>N  1 foobar.com!foo        Wed Nov  6 12:31  11/324
&
Message 1:
From foobar.com!foo Wed Nov  6 12:31:46 1996
Date: Wed, 6 Nov 96 12:31 GMT+0100
Apparently-From: foo@foobar.com
Apparently-To: albre

fakemail
```

Es erfolgt keinerlei Verifizierung der Daten durch das Mailprogramm, wie zum Beispiel Nameresolving, ob der Host überhaupt existiert. Maildaten ist daher generell keinerlei Vertrauen entgegen zu bringen. Da weiterhin der sogenannte DEBUG-Modus in vielen Hosts nicht aktiviert ist, kann nach Meinung des Autors die direkte Ansprache des Mailprogramms aus Sicherheitsgründen auf Quellkodeniveau deaktiviert werden.

6.5.1 Mailbomben

Auf dem Prinzip der falschen Maildaten basieren sogenannte Mailbomben, die einen Host mit einer großen Anzahl von Nachrichten regelrecht " bombardieren ". Da die Mailprogramme teilweise die Maximalgröße von Nachrichten begrenzen, müssen die Nachrichten nicht sehr groß sein. Der Empfänger kann durch die Flut von Nachrichten nicht mehr reelle und falsche Nachrichten voneinander unterscheiden. Weiterhin kann durch die Flutung auch in diesem Falle die Einschränkung der Netzkapazität und der Festplatte des empfangenden Rechners erreicht werden.

6.6 Zusammenfassung

Zusammenfassend läßt sich feststellen, daß die Hauptursachen für den Erfolg von hier betrachteten Angriffen hauptsächlich in Ausnutzung von folgenden Punkten bestehen:

- Schwächen im Protokolldesign (zum Beipiel bei Sequenznummern-Desynchronisation oder "Source Routing")

- Nicht implementierten oder nicht implementierbaren Sicherheitsmechanismen auf Betriebssystem-, Protokoll- und auch Anwendungsebene (Sniffing, Programme mit Root-Ausführungsrecht)

- Komplexität und falsch oder unzureichend konfigurierten Systemdiensten (zum Beispiel Sendmail, NFS)

- Programmdesign- und Implementierungsfehlern (Pufferüberläufe, unberechtigtes Ausgeben von Systemdateien).

Kapitel 7

Systematisierung des notwendigen Aufwands für Angriffe

Im folgenden Kapitel soll eine differenzierte Abschätzung des zu bestimmten Angriffsszenarios erforderlichen Aufwands im Verhältnis zu den erreichbaren Zielen dargestellt werden. Dieser Aufwand hängt stark von der hier verwendeten Testumgebung, daß heißt, TCP/IP und UNIX ab und läßt sich schwer verallgemeinern.

7.1 Informationsbeschaffung und Quellenabschöpfung

In erster Linie muß ein Angreifer über eine Reihe von Informationen zur Implementierung des Protokollstacks und die Funktionsweise der einzelnen Protokollmodule und ihres Zusammenwirkens besitzen. Dieses Wissen ist bis in interne Details wie zum Beispiel bestimmte Variablennamen und -formate, Abhängigkeiten etc. erforderlich. Dies kann zum einen aus den im Fall des Protokollstacks TCP/IP frei verfügbaren Standards, den "Request For Comments " (RFC) oder durch selektive Fachliteratur, hier zum Beispiel [STEVENS1] und [STEVENS2] erfolgen. In beiden Fällen kann man von geringem Aufwand sprechen, um die Quellen zu beschaffen. Über das weltweite Internet sind eine Reihe von weiteren Quellen relevant:

- Network Newsgroups,

- Mailinglisten,

- Sogenannte Untergrundveröffentlichungen,

- Informationen, die zum Schutz vor bestimmten Maßnahmen dienen sollen, jedoch detailliertes Wissen über die Art und Weise eines Angriffs liefern (z.B. CERT-Advisories).

53

7.1.1 Aktualität der Information

Es ist ein Fakt, daß Informationen zu Sicherheitslücken in Informationssystemen so schnell wie möglich verwertet werden müssen. Das bedeutet, ein Systemadministrator muß Maßnahmen treffen, die geeignet sind, aufgedeckte Lücken zu schließen, bevor ein Angreifer destruktiv wirken kann und ebenfalls die Information in seinem Sinne ausnutzen kann.

7.1.2 Einblick in Dienst- und Protokollspezifikationen

Der durch die Quellen gewährte Einblick in die Spezifikationen bedarf aufgrund einer gewissen Komplexität und Terminologie eines zeitlichen Aufwands, der nicht zu unterschätzen ist. Der Unterschied der reinen Informationsaufnahme und ihrer Umsetzung in eigene Programme ist relevant. Der Angreifer muß über Programmierkenntnisse sowie Kenntnisse über den Aufbau des Betriebssystems besitzen, um effektiv arbeiten zu können. Betriebssystemkenntnisse sind vor allem von Vorteil, um Aufzeichnungs- und Protokolliermöglichkeiten zu umgehen. Erkennt ein Systemadministrator frühzeitig einen Angriff, kann wirkungsvoll gegengesteuert werden. Ein Angreifer muß ca. 70-80% seiner Aktivitäten nicht auf den eigentlichen Angriffsmechanismus, sondern darauf richten, nicht dabei erkannt zu werden.

7.2 Zugriff auf Netzstationen mit Systemverwalterrechten

In der hier verwendeteten Umgebung ist es für den Großteil der Angriffe notwendig, von einer Arbeitsstation mit Systemverwalterrechten aus Angriffe zu realisieren.

- Der Angreifer besitzt das durch Unvorsichtigkeit des Administrators oder durch Vergleich mit Wörterbüchern erlangte sogenannte Root-Passwort und kann damit ohne zusätzliche Hardware im Netz agieren. Hierbei handelt es sich um die effektivste Variante, da der Angreifer zugleich die Möglichkeit besitzt, in die Logging-Möglichkeiten des Betriebssystems einzugreifen.

- Der Angreifer muß eine zusätzliche Netzstation einfügen, in der er über alle Rechte verfügt. Abhängig von der Architektur und Topologie des Netzes (siehe 3!) handelt es sich hierbei um die weniger elegante und nicht immer realisierbare Variante[1], die durch eine höhere Entdeckbarkeit gefährdet ist.

- Bei dem auszuführenden Binärprogramm ist das sogenannte SETUID-Bit gesetzt, daß heißt, es besitzt während seiner Ausführung das Root-Recht. Kann der Angreifer Fehler eines derartigen Programms ausnutzen, zum

---

[1]Hierbei muß zum Beispiel ein unentdeckbarer Raum gefunden werden, der den Netzanschluß gewährt. Sinnvollerweise arbeitet der Angreifer mit einem Notebook, um der Entdeckung zu entgehen.

Beispiel indem er Shell-Kommandos zur Ausführung bringen kann, so werden diese Kommandos mit dem Root-Recht ausgeführt.

Von den in Kapitel 6 beschriebenen Szenarien sind für alle Mechanismen, die auf Sniffing sowie der RAW_SOCKET-Schnittstelle basieren, Root-Rechte im System notwendig. Weiterhin sind Root-Rechte für Eingriffe und Neukonfiguration des Betriebssystem-Kernels notwendig. Als Schlußfolgerung kann daher gelten:

Ein Angreifer **muß** auf einem System im Netz arbeiten, auf dem er Systemverwalter-Rechte besitzt.

7.3 Verwendung bestehender Software und Tools

Ein Angreifer muß nicht alles von Grund auf neu programmieren, sondern kann bestehende Software und Tools nutzen. Auch der Autor hat bestehende Software für spezielle Zwecke erweitert. Das Programm `Tcpdump` zum Überwachen des Netzverkehrs wurde für Aufzeichnung von Account-Daten oder zum Senden von ICMP-Paketen einfach erweitert. Viele Programme stehen im Internet inklusive Quellkode zur Verfügung. Selbst Programme, um systematisch und schnell lohnende Angriffsziele zu erkunden, wie "SATAN" (Security Administrator Tool for Analysing Networks) bieten regelrechten Unterricht und einfache Erweiterbarkeit, um neue Angriffsmechanismen zu implementieren.

7.4 Ausnutzung von gewonnenen Erfahrungen und Softwarewiederverwendung

Einmal realisierte Programme und Programmmodule können im Baukastenprinzip wiederverwendet werden. Ist zum Beispiel der Algorithmus zur Internet-Checksummen-Berechnung einmal auf die Maschine angepaßt (Byteorder, Integer-Größe etc.), kann dieser für alle Angriffe mit ICMP- und TCP-Paketen verwendet werden. Alle Protokolle verwenden denselben Checksummenalgorithmus, um Übertragungsfehler zu erkennen. Die Zusammensetzung der einzelnen Protokollparameter und Ihre Konvertierung in die richtige Byteorder innerhalb des jeweiligen Protokollkopfes folgt ebenfalls einem allgemeingültigen und wiederverwendbaren Prinzip. Hat ein Angreifer diese Hürden überwunden, können beliebige Angriffe realisiert werden, da diese im Wesen daraus bestehen, bestimmte Pakete auf das Netz zu senden. Im einfachen Falle reagiert das Angreiferprogramm nicht auf Pakete, die als Folge des Angriffs vom Angegriffenen gesendet werden (ICMP-Angriffe, Datenflutung, Source-Routing etc.). Im nichttrivialen Falle handelt es sich um ein Gegenspiel zwischen Paketen des Angreifers und des Angegriffenen, daß heißt, der Angreifer hört den Kanal ab und sendet je nach Reaktionen entsprechende Pakete (TCP-Sequenznummern-Desynchronisation, Ausnutzung der "Trusted Host"-Relation etc.).

Kapitel 8

Gegenmaßnahmen und ihre praktische Umsetzung in der Protokollumgebung

Ebenso vielfältig wie die Angriffsmöglichkeiten stellen sich Abwehrmöglichkeiten dar. In diesem Kapitel wird versucht, die systematischen Grundansätze zur Abwehr von Angriffen vorzustellen.

8.1 Angriffserkennung und Protokollierung von Aktionen

Grundlegend sollte ein Administrator eines Systems folgende Regeln umsetzen:

- Aktiviere alle Aufzeichnungsmöglichkeiten, die das System bietet. Nutze Redundanz, die einem eventuellen Angreifer nicht bekannt ist!

- Sorge für eine regelmäßige Kontrolle der Log-Dateien, die auch automatisiert werden kann!

- Beachte eine geschützte Speicherung aller Log-Dateien, um Schutz vor anderen nicht autorisierten Nutzern zu bieten!

- Beachte, daß die Größe und das beständige Anwachsen von Log-Dateien zu kritischen Systemzuständen führen kann!

Auch scheinbar harmlos erscheinende Vorgänge sollten nicht unterschätzt werden. Vielfach wurden Angriffe erst spät bemerkt, da Angreifer versuchen, Logging-Möglichkeiten einzuschränken oder Spuren entsprechend zu beseitigen versuchen, sobald sie entsprechende Privilegien in einem System bekommen. Eine weitgehende Protokollierung der Aktionen eines Systems ist daher die erste grundlegende Maßnahme gegen jegliche Form von Angriffen.

8.2   Firewalls und sichere Gateways

Als Firewall ("Feuerschutzmauer") wird ein speziell konfiguriertes Routersystem bezeichnet, das den Datenverkehr zwischen zwei Netzen mittels bestimmter Regeln kontrolliert. Als Selbstverständlichkeit haben sich Firewall-Systeme zur Kopplung von organisationsinternen Netzwerken an das weltweite Internet durchgesetzt. Das Grundprinzip jedes Firewall-Systems besteht in der Kontrolle jedes einzelnen ankommenden Datenpaketes und der Entscheidung, ob das Paket verworfen oder in das zu schützende Netzwerk zugestellt werden soll.

8.3   Verschlüsselung und Datenintegritätssicherung

Verschlüsselung von Daten auf allen offen zugänglichen Ebenen ist eine der effektivsten Abwehrmaßnahmen. Probleme, die damit behaftet sind:

- Standardisierung und Schlüsselaustausch

- Export- und Regierungsbeschränkungen

- Performanceüberlegungen

Ein Beispiel für ein sehr effektives Verfahren, das sich weit durchgesetzt hat, ist das PGP-System ("Pretty Good Privacy") von Phil Zimmermann zur Verschlüsselung von EMAIL.

8.4   Ausgewählte Schutzmaßnahmen auf Netzwerk-Ebene

Eine relativ verbreitete Schutzmaßnahme ist die Verschlüsselung von Daten auf Netzwerkebene zum Beispiel durch das Secure Socket Layer-Paket (SSL) der Fa. Netscape. Ein Hauptmangel ist auch hier in Exportbeschränkungen und auch der breiten Anwendung des Systems zu sehen. Wünschenswert wäre ein einheitlicher Standard auf diesem Gebiet.

8.4.1   Sicherheitsarchitektur für IP nach RFC1825

Der 1995 veröffentlichte Standardisierungsvorschlag versucht durch verschiedene Techniken, vor allem Verschlüsselung, mehr Sicherheit auf IP-Ebene einzuführen. Zukunftsorientiert wird dabei auch IPv6 mit einbezogen. Durch Hinzufügen von speziellen Protokollköpfen, "IP Authentication Header (AH)" [RFC1826] und "IP Encapsulating Security Payload Header (ESP)" [RFC1827] erfolgt die Umsetzung der Architektur:
Elementar ist der Begriff der "Security Association" , die aus dem "Security Parameter Index (SPI)" und der Zieladresse besteht. Eine Security Association ist dabei einer One-Way-IP-Verbindung zugeordnet, daß heißt, jede sichere Verbindung hat zwei Security Associations zu verwalten. Der Security Parameter Index enhält:

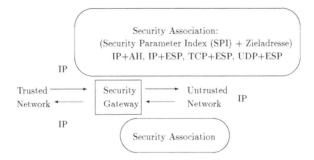

Abbildung 8.1: IP Sicherheitsarchitektur nach [RFC1825]

- Authentifizierungsalgorithmus und -Modus für den Authentication Header (AH),

- Notwendige(r) Schlüssel für AH,

- Verschlüsselungsalgorithmus und -Modus, Umformungen für den IP Encapsulating Security Payload Header (ESP) (falls ESP implementiert ist und genutzt wird),

- Notwendige(r) Schlüssel für ESP (falls ESP implementiert ist und genutzt wird),

- Initialisierung für ESP-Verschlüsselung falls vorhanden,

- Sicherheitsstufe der zu schützenden Daten.

Empfohlen wird weiterhin die Verwaltung der Lebenszeit einer Security Association sowie auch der benutzten Schlüssel. Weiterhin kann in der Security Association die Quelladresse (auch als Wildcard) mit enthalten sein.

Authentication Header und Encapsulating Security Payload können separat oder auch zusammen genutzt werden. ESP bietet dabei gegenüber AH Vertraulichkeit neben Integrität und Authentifizierung der IP-Nutzdaten (also TCP/UDP-Protokollkopf und -Daten), während AH nur Integrität und Authentifizierung ohne Vertraulichkeit des IP-Protokollkopfes bietet.

Sinnvoll aus Sicht des Autors scheint vor allem die ausschließliche Nutzung des Encapsulating Security Payload im "Tunnel-mode", der die Daten des TCP- oder UDP-Protokollkopfes verschlüsselt und den IP-Protokollkopfes unverschlüsselt überträgt. Damit wird das aufwendige Dekodieren der Pakete in jedem Gateway vermieden (Aktualisierung von Daten im IP-Protokollkopf). Die TCP/UDP-Daten müssen dann lediglich beim Empfänger dekodiert werden. Eine Hauptentscheidung, die zu treffen ist, ist die Abwägung des offensichtlichen

Widerspruchs zwischen hohem Schutz von TCP/IP-Daten gegenüber der generellen Protokollperformance. Probleme sind hier zum Beispiel Daten, die in jedem Gateway verändert werden, wie IP-Time-To-Live oder die Checksummen, wozu jedesmal eine Entschlüsselung/Verschlüsselung notwendig werden würde. Kein Schutz bietet die Architektur gegenüber Verkehranalysen. Schutz kann hier nur durch Bulkdatenverschlüsselung erreicht werden. Dabei erfolgt die Zusammenfassung von Datenströmen verschiedener Anwendungen, die dann verschlüsselt werden. Sinnvoll ist hier natürlich die Zusammenfassung von Datenströmen, die das gleiche Übertragungsziel haben. Generell ist auch eine Zusammenfassung nach anderen Kriterien möglich, wobei hier der Aufwand in jedem Gateway abzuschätzen[1] ist. Für einen Angreifer ist bei der Bulkdatenverschlüsselung keine Separation der einzelnen Anwendungen mehr möglich.

Die Umsetzung der Architektur soll transparent für Systeme erfolgen, die die Architektur nicht implementiert haben. Weiterhin soll die Architektur unabhängig vom Verschlüsselungsalgorithmus sein, unter anderem von Vorteil bei bestehenden Exportbeschränkungen oder unterschiedlichen Sicherheits-Protokollperformance-Anforderungen. Dem Autor ist nicht bekannt, ob die spezifizierte Sicherheitsarchitektur bisher praktisch umgesetzt wurde.

8.4.2 Verschlüsselung von TCP/UDP durch das swIPe-Protokoll

Einen ähnlichen Schritt der Verschlüsselung von IP-Daten bietet das "swIPe"-Protokoll aus [IOANNIDIS]. Der IP-Protokollkopf wird nicht verschlüsselt, es erfolgt eine Einkapselung der IP-Nutzdaten in einen swIPe-Protokollkopf. IP-Nutzdaten und swIPe-Protokollkopf werden wiederum zu neuen Nutzdaten des IP-Datagramms. Damit wird hier die generelle Unabhängigkeit von Hosts erreicht, die swIPe nicht implementiert haben. Schutz wird hier also vor allem TCP/UDP-Daten geboten.

Das Protokoll bietet:

- Vertraulichkeit,
- Integrität,
- IP-Quellen-Authentifizierung.

Es schützt dagegen *nicht* den kompletten IP-Protokollkopf, der im Klartext zum swIPe-Paket hinzugefügt wird.

Interessant ist auch eine Auswertung der Autoren bezüglich Performanceeinfluß des Protokolls (Siehe Abschnitt 8.8).

---

[1]Der Aufwand kann auch durch simulative Untersuchungen ermittelt werden.

8.5 Testen der Sicherheit durch eigene Systemeinbruchs-Versuche

Eine neuere Gegenmaßnahme ist das systematische Testen von Systemlücken durch eigene Einbruchsversuche (Sich Hineinversetzen in einen Einbrecher). Vor allem bekannt wurde diese Variante durch das Programm "SATAN" (Security Administrator Tool for Analysing Networks), das dieses Verfahren automatisiert und effektiv anwendet.

8.6 Kombination der Einzelmaßnahmen zu einem lückenlosen Sicherheitsgesamtkonzept

Neben den bereits angegebenen Maßnahmen sollte zum Betrieb eines sicheren Netzwerks ein schriftliches Konzept in Form einer Checkliste erstellt werden, zu dessen Umsetzung und Erstellung feste organisatorische und personelle Zuordnungen innerhalb einer Organisation existieren sollten. Ein Beispiel findet sich in [NIEDA]. Die verantwortliche Person sollte weiterhin nicht der Systemadministrator sein, um das "Betriebsblindheit-Syndrom" zu vermeiden. Weiterhin wurde bereits ausgeführt, daß ein Systemadministrator die günstigsten Voraussetzungen zur Realisierung von Angriffen besitzt. Ausreichend Zeit zur Umsetzung des Konzeptes, sowie ein komplettes System-Backup sollten vor Ankopplung eines "Trusted Network" an ein unsicheres Netz (zum Beispiel das weltweite Internet) eingeplant werden. Bereits in der Planungsphase vor Realisierung von Netzen sollte die Datensicherheit eine Rolle spielen. Inbesondere ist hier der Einsatz des optimalen Verkabelungskonzeptes ein Schwerpunkt (siehe 3!). Weiterhin sollte eine Risikoabschätzung bezüglich des für Angriffe und Angriffsvoraussetzungen relevanten Personenkreises vorgenommen werden. Nach [KYAS] werden zum Beispiel zwei Drittel aller Systemverletzungen im weitesten Sinne absichtlich oder auch unabsichtlich durch Mitarbeiter des eigenen Unternehmens verursacht. Aspekte wie Racheausübung und Ausnutzung von "Informationsmacht" gegenüber dem Unternehmen nach Kündigung etc. können hier eine Rolle spielen.

8.7 Grenzen und Zweckbegrenzung von Maßnahmen

Bei allen aufgeführten Maßnahmen handelt es sich um performancerelevante Einschränkungen, die stets die Frage nach dem Kompromiß zwischen Netzleistungsfähigkeit und benötigter Datensicherheit aufwerfen. Nach Meinung des Autors handelt es sich um den Hauptgrund für die hohe Anfälligkeit der heutigen Netzwerkdienste und Protokolle sowie relativ geringe Verbreitung bzw. vereinzelte Umsetzung von Datenschutzmaßnahmen auf Netzwerkebene in der Praxis.

8.8 Auswirkungen von Datenschutzmaßnahmen auf die Protokollperformance

Service	Paketgröße (Byte)	Processing-Overhead (ms) gerundet
Keine	500	<1
	1500	<1
Authentifizierung (MD5)	500	1
	1500	2
Verschlüsselung (DES)	500	4
	1500	12,5
Authentifizierung+ Verschlüsselung	500	4,5
	1500	14

Tabelle 8.1: Processing-Overhead-Messungen im swIPe-Protokoll [IOANNIDIS]

Das in 8.4.2 vorgestellte swIPe-Protokoll [IOANNIDIS] zum Schutz von IP-Nutzdaten wurde auf BSD-basierten Systemen, wie SUN-OS oder CMU MACH implementiert und die Performance gemessen.

Die Tabelle 8.8 stellt Messungen der Verarbeitung eines swIPe-Paketes im Kernel des Betriebssystems dar. Die Verarbeitung von Paketen ohne weitere Anwendung von Schutzmaßnahmen erfolgt im Mikrosekundenbereich. Kaum Processing-Overhead wurde durch reine Authentifizierung erzeugt. Signifikanten Overhead erzeugen natürlich MD5- und Software-DES-Algorithmus, insbesondere bei großen Paketen und gleichzeitiger Nutzung beider Verfahren. Geht man von statistisch häufigen kleineren Paketgrößen (zum Beispiel UDP-Daten) aus, hält sich der Overhead in erträglichem Rahmen.

Kapitel 9

Zusammenfassung

Erfahrungen und Untersuchungen im Rahmen dieser Arbeit in Bezug auf Angriffe, Aufwand, Schaden und mögliche Gegenmaßnahmen werden in Tabelle 9.1 zusammengefaßt.

Angriff	Technischer Aufwand	Schaden	Gegenmaßnahmen
Sniffing	3	5	One-Time-Passwort Verschlüsselung
IP-Spoofing	3	5	IP-Adressen mißtrauen
ICMP-Fälschung	5	3-5	Paketfilterg.
NIS-Fälschung	7	5-10	Root-Zugriff im Quellkode deaktivieren
NFS-Fälschung	7	5-10	Secure-RPC
TFTP/FTP/BOOT-Angriffe	5	5	Sichere Konfiguration
Sendmail falsche Identität	1	1	Quellkode
Mailbombing	3	5	ändern;
DEBUG-Modus	3	3	Mailfilter
"Trusted Host"-Angriff	7	7-8	R-Tools nicht nutzen
TCP-Desynchronisation	9	7-9	TCP-Quellen ändern
UDP-Fälschung	5	4-6	wenig verwenden
Datenflutung	3	5-7	Paketfilter
Source-Routing	5	5	IP-Quellkode ändern
X-WINDOWS Angriffe	5	5	Quellkode-änderung

Tabelle 9.1: Angriffe - Aufwand, Schaden und mögliche Gegenmaßnahmen

Technischer Aufwand und möglicher Schaden werden bezüglich einer Skala von 1 (gering) bis 10 (hoch) gewertet. Die hier vorgenommene Wertung ist keinesfalls absolut zu werten, sondern hängt stark von den jeweiligen Umständen und der Netzumgebung ab. NIS- und NFS-Fälschung sind zweifelohne als starke Risiken zu werten, da diese Dienste in der Praxis enorm verbreitet sind. Wenn möglich, sollte die Verwendung ganz vermieden werden. Im Verhältnis zwischen Aufwand und Nutzen ergibt sich damit folgende Reihenfolge:

1. Datenflutung

2. NIS-/NFS-Fälschung

3. "Trusted Host"-Angriff

4. Sniffing

5. UDP-Fälschung

6. IP-Spoofing

7. TFTP/FTP/BOOTP-Angriff

8. Sendmail-Attacken

9. Source-Routing

10. X-WINDOWS-Angriff

11. ICMP-Fälschung

12. TCP-Desynchronisation

Diese Rangfolge deckt sich im weitesten Sinne mit der Statistik der häufigsten Angriffe, die in Abschnit 5.5 zitiert wurde.

9.1   Ausblick und offene Probleme

Insgesamt läßt sich aus der vorliegenden Arbeit schlußfolgern:

- Lokale Netze[1] sind datenschutztechnisch **unsicher**. Vertrauliche Daten können beim Stand der Technik **nicht sicher** über derartige Netze übertragen werden.

- Angriffe sind relativ einfach möglich und werden durch verschiedene Faktoren wie Komplexität der Systeme, unerfahrene Anwender, Schwächen im Design und weitere begünstigt.

- Datenschutzmaßnahmen werden vereinzelt, jedoch nicht systematisch oder im Sinne einer umfassenden und standardisierten Sicherheitsarchitektur angewendet. Für den Angreifer ist dies von Vorteil.

---

[1] Vor allem auch im Umfeld von TCP/IP und UNIX, wie hier nachgewiesen werden konnte.

- Maßnahmen gegen Angriffe werden genutzt, dem steht jedoch eine Einschränkung der Netzperformance und eine teilweise komplexere Systemadministration entgegen.

Bei der Realisierung vieler Angriffsszenarios spielte die RAW_SOCKET-Schnittstelle eine bedeutende Rolle und es stellt sich hier die Frage, ob dieses mächtige und so vielfältig mißbrauchbare Programmierinterface nicht restriktiv innerhalb einer TCP/IP-Implementierung deaktiviert werden sollte. Dem steht die mandatorielle Implementierung des ICMP sowie die Nutzung dieser Schnittstelle durch eine Reihe von Protokollen, wie das Exterior Gateway (EGP) oder auch das Router Information Protocol (RIP), entgegen. Es bleibt als offene Frage für zukünftige TCP/IP-Implementierungen, diese Funktionen in anderer wenn auch unflexiblerer Weise ohne die Nutzung der universellen RAW_SOCKET-Schnittstelle umzusetzen und damit die Basis für viele Angriffe zu beseitigen.

Die heutige Netzwerklandschaft im LAN-Bereich sowie im Umfeld vom hier betrachteten Protokoll TCP/IP wird wesentlich durch zwei Trends beeinflußt:

- Höhere Übertragungsbandbreite durch neue Technik (Migration zu ATM-Technik)

- Engpaß der IPv4, insbesondere durch Adressenauschöpfung (exponentielles Wachstum des weltweiten Internet)

Insbesondere durch Verfügbarkeit hoher Bandbreite kann der Kompromiß zwischen Einschränkung der Protokollperformance und Datenschutz im Netz umgangen werden[2].

9.2   Neuerungen durch IPv6 und neue Dienste

Die in der Standardisierung befindliche IP-Version 6, auch als IP Next Generation (IPng) bezeichnet, soll vor allem den bestehenden Adress-Engpaß beseitigen. Statt 4-Byte-Adressen werden 16-Byte-Adressen verwendet. Weiterhin gehören die Sicherstellung von Authentizität und privater Kommunikation zu jeder standardmäßigen Implementierung von IPv6, wobei viele Konzepte aus [RFC1825][RFC1826] und [RFC1827], wie sie in Abschnitt 8.4.1 beschrieben wurden, umgesetzt werden [RFC1752]. Optional sollen Vertraulichkeit und Nicht-Wiederholbarkeit realisiert werden. Es wird davon ausgegangen, daß durch den technischen Fortschritt in Rechner- und Netzwerktechnik die Performancegrenzen kaum noch zum Tragen kommen und somit Sicherheitsmaßnahmen **mandatoriell** innerhalb der Protokoll- und Dienstimplementierungen werden.

Neue Netzwerkdienste sind vor allem durch Multimediaanwendungen und deren hohe Bandbreitenanforderungen gekennzeichnet. Im konkreten Falle werden hierbei jedoch weitestgehend andere Übertragungsprotokolle zum Tragen

---

[2]Zu datenschutztechnischen Vorteilen der ATM-Technik siehe auch 3!

kommen, da grundlegende Designbedingungen der einige Jahre alten TCP/IP-
Protokollsuite Grenzen aufzeigen (Sequenznummernraum, MBuf-Konzept und
weitere). Zu sicherheitstechnischen Auswirkungen dieser Anwendungen läßt sich
bislang noch relativ wenig sagen, so daß dies als offene Frage bleibt.

Anhang A

Glossar und Abkürzungsverzeichnis

AH   Authentication Header der Sicherheitsarchitektur
            nach [RFC1826]

ARP   Address Resolution Protocol; Protokoll der
            Datenverbindungsschicht zur Umsetzung
            von IP- zu Medienzugriffsadressen nach [RFC826]
            (siehe auch RARP)

ATM   Asynchron Transfer Modus; Verbindungsorientiertes
            Protokoll der Physical-/Data-Link-Layer

BOOTP   Protokoll zum Bootstrapping von
            Netzwerkstationen ohne lokale
            Festplatte über das Netzwerk nach [RFC951]

BSD   Berkeley Software Distribution; Bezeichnung für
            Software, die an der US-amerikanischen
            University of Berkeley erstellt wurde

CERT   Computer Emergency Response Team;
            Internationale Vereinigung zur Koordination von
            Schutzmaßnahmen gegen Computermißbrauch

CMU   Carnegie Mellon University

CSMA/CD   Carrier Sense Multiple Access /
            Collision Detect; Verfahren zur
            Datenübertragung in Ethernets

DES   Data Encryption Standard;
            symmetrisches Verschlüsselungsverfahren

DNS Domain Name Service;
    Umsetzung von Host- und Netzwerknamen
    in Internet-Adressen nach [RFC830]

DoD Department of Defense;
    US-amerikanisches Verteidigungsministerium

EGP Exterior Gateway Protocol
    nach [RFC827]

ESP IP Encapsulating Security Payload Header
    in der Sicherheitsarchitektur nach [RFC1827]

FDDI Fibre Distributed Data Interchange;
    Protokoll der Physical-/Data-Link-Layer

FTP File Transfer Protocol;
    Protokoll zum Datenaustausch nach [RFC959]

ICMP Internet Control Message Protocol; Steuer- und Hilfs-
    protokoll der TCP/IP-Protokollsuite nach [RFC792]

IEEE Institute of Electrical and Electronical
    Engineers

IP Internet Protocol; Netzwerkprotokoll der TCP/IP-Protokollsuite
    nach [RFC791] (siehe auch TCP!)

IPng Internet Protocol next generation;
    Vorschlag für Version 6 des Protokolls (IPv6)
    nach [RFC1752]

ISDN Integrated Services Digital Network;
    Digitales, öffentliches
    Multifunktionstelefonnetz

ISO International Standards Organisation; Organisation zur
    Vereinheitlichung und Standardisierung von Netzwerkprotokollen

MAC Media Access;
    Zugriff des Data-Link-Layer-Protokolls
    auf das Übertragungsmedium

MACH Microkernel Architecture;
    Betriebssystemarchitektur, die nur die
    wesentlichsten Funktionen in einem
    kompakten Kern zusammenfaßt

MD5   Message Digest;
      Checksummenbildungsverfahren

MIME Multipurpose Internet Mail Extensions;
      EMAIL mit verschiedenen Formaten,
      wobei abhängig vom Format beim
      Empfänger Programme gestartet
      werden können

NFS   Network File System;
      netztransparentes System zur Bereit-
      stellung von Dateisystemen nach [RFC1094]

NIS   Network Information System; RPC-basiertes System
      zur netzweiten Administration von Nutzerdaten
      (vormals "Yellow Pages")

NTCB Network Trusted Computing Base;
      sicherheitsrelevanter Teil eines
      Computernetzwerkes nach [DOD2]

LAN   Local Area Network; lokales Netzwerk: räumlich
      begrenztes Computernetzwerk, dessen Struktur in der Regel
      dem Aufbau des Gebäudes und der Struktur
      der Organisation angepaßt ist

LLC   Logical Link Control

NCSC National Computer Security Center; US-amerikanisches
      Zentrum für Computersicherheit

OSI   Open Systems Interconnection;
      Modell zur Vernetzung von Systemen
      unterschiedlicher Herkunft und
      Architektur

PGP   Pretty Good Privacy;
      Verschlüsselungssystem zur Wahrung
      der Vertraulichkeit von Daten/Nachrichten

POP   Post Office Protocol;
      Protokoll für Mail-Clients zur
      Abholung von Nachrichten vom Mail-Server

RARP   Reverse Address Resolution Protocol;
         Protokoll der Datenverbindungsschicht zur
         Umsetzung von Medienzugriffs- zu IP-Adressen nach [RFC903]
         (siehe auch ARP)

RFC   Internet Request for Comments;
         Form der Publikation von Standards
         und Standardvorschlägen im
         Internet-Bereich

RIP   Router Information Protocol;
         Protokoll zum Informationsaustausch zwischen Routern

RPC   Remote Procedure Call; entfernter Prozeduraufruf: netz-
         transparente Abarbeitung von Programmen nach [RFC1057]
         mit automatischer Netzdatenkonvertierung

SATAN   Security Administrator Tool for Analyzing Networks;
         Programm zur interaktiven Analyse von Sicherheits-
         lücken in vernetzten UNIX-Systemen

SMTP   Simple Mail Transfer Protocol;
         Protokoll zum Austausch von EMAIL nach [RFC821]

SPI   Security Parameter Index;
         Teil einer Security Accociation in der
         Sicherheitsarchitektur nach [RFC1825]

swIPe   Netzwerkprotokoll zur Verschlüsselung von TCP/IP-Protokolldaten
         nach [IOANNIDIS]

TCB   Trusted Computing Base;
         Sicherheitsrelevanter Teil eines Rechnersystems nach [DOD1]

TCP   Transmission Control Protocol; Transportprotokoll der
         TCP/IP-Protokollsuite nach [RFC793] (siehe auch IP!)

TFTP   Trivial File Transfer Protocol;
         einfaches Protocol zum Dateitransfer nach [RFC783]

UDP   User Datagram Protocol;
         Verbindungsloses Transportprotokoll nach [RFC768]

WAN   Wide Area Network; Weitverkehrsnetzwerk: Verbindung von
         Rechnern- und Rechnernetzwerken über große
         örtliche Ausdehnung

XDR   external Data Represantation;
         Datenformatkonvertierung zur Netzübertragung nach [RFC1014]

Anhang B

Quellkode
der vorgestellten Beispiele

Aus Gründen der Verständlichkeit und Übersichtlichkeit wird hier kein kompletter Quelltext, sondern lediglich ein kommentierter Auszug dokumentiert. Ein weiterer Grund für diese Vorgehensweise ist die Tatsache, daß Quellcode zu bestehenden Programmen anderer Autoren hinzugefügt wurde. Es ist aus Sicht des Autors nicht sinnvoll, diesen recht umfangreichen Code hier komplett abzudrucken. Als essentiell für Störungen, wie sie in dieser Arbeit dargestellt wurden, ist die Möglichkeit, individuell komponierte Datenpakete aus einem User-Level-Programm zu versenden. Diesem Zweck dient in aller erster Linie dieser Abschnitt.

Bestehende Software wurde verwendet von Steve McCanne, Craig Leres und Van Jacobson vom Lawrence Berkeley Laboratory (LBL), die die Packet Capture Library `libpcap` zum Zugriff auf "rohe" Netzdaten entwickelten. Weiterhin wurde die von Richard Kooijman für Linux modifizierte Version des Programms `tcpdump` der obigen Autoren in der Versionsnummer 1.7 verwendet. Quellen von R.T. Arnold wurden für die NIS-Attacke verwendet und modifiziert. Diesen Autoren gebührt mein Dank für die "Vorarbeit" und den Lerneffekt. Der Autor hat weiterhin einer Reihe von Leuten für wertvolle Hinweise, Anregungen und Kritiken zum Quellcode, insbesondere Stephan Buchholz und Peter Gottschling zu danken. Besonderer Dank geht an Jan Zöllner für umfassende und fundierte fachliche Betreuung während der gesamten Diplomperiode.

Die Software wurde von ihren jeweiligen Autoren unter der GNU General Public Licence (GPL) bzw. zur nicht-kommerziellen Nutzung frei zur Verfügung gestellt. Weiterhin erfolgte die Nutzung des Betriebssystems LINUX von Linus Torvalds unter der GNU GPL. Für Textsatz und Layouting wurden die Programmpakete `xfig` und LaTeX, ebenfalls unter der GNU GPL genutzt.

Als Beispiel zur Zusammenstellung und Aussendung von Datenpaketen innerhalb eines User-Level-Programms wird hier die Funktion zur TCP-Datenflutung (siehe Abschnitt 6.3.3!) dargestellt und kommentiert, die als Bestandteil des

Programms `tcpdump` konzipiert wurde. Weiterhin finden sich die kommentierten
Formate für IP-, ICMP-, UDP- und TCP-Datenpakete, wie sie im Programm
verwendet wurden:

```
...
u_char icmp_gram[68]=
{                               /* comes first IP-HDR              */
    0x45,   0x00,   0x00,   0x54,
    0x12,   0x34,   0x00,   0x00,
    0xFF,   0x01,   0,      0,    /* proto=1                       */
    0,      0,      0,      0,    /* src ip adress                 */
    0,      0,      0,      0,    /* dst ip adress     (IP-HDR) 20 */

    0,      0,      0,      0,    /* type, len, chk_sum (ICMP)     */
    0,      0,      0,      0,    /* void field, pkt ptr           */
    0,      0,      0,      0,    /* bad pkt ip header 8 byte      */
    0,      0,      0,      0,
};


u_char udp_gram[38]=
{                               /* comes first IP-HDR              */
    0x45,   0x00,   0x00,   0x26, /* version=4, header len=5       */
                                  /* (4-byte units), tos=0,        */
                                  /*    total len = x26 (38)       */
    0x12,   0x34,   0x00,   0x00, /* id=1234, 3bit flags, offset   */
    0xFF,   0x11,   0,      0,    /* ttl=FF, proto=11, checksum    */

    0,      0,      0,      0,    /* src ip adress                 */
    0,      0,      0,      0,    /* dst ip adress     (IP-HDR) 20 */

    0,      0,      0,      0,    /* src port, dst port (UDP-HDR)  */
    0x00,   0x10,   0x00,   0x00, /* udp_len = x12 (18),           */
                                  /* optional checksum             */

/*'T','E','S','T',' ',':','U','D','P','!'    some optional data    */
};


u_char tcp_gram[40]=
{                               /* comes first IP-HDR              */
    0x45,   0x00,   0x00,   0x28, /* version=4, header len=5,      */
                                  /*    tos=0, total len = x32 (50) */
    0x12,   0x34,   0x00,   0x00, /* id=1234, 3bit flags, offset   */
    0xFF,   0x06,   0,      0,    /* ttl=FF, proto=6, checksum     */
```

```
0,      0,      0,      0,      /* src ip adress                    */
0,      0,      0,      0,      /* dst ip adress      (IP-HDR)  20 */

0,      0,      0,      0,      /* src port, dst port (TCP-HDR) 20 */
0,      0,      0,      0xfc,   /* sequence number                  */
0,      0,      0,      0xfb,   /* acknowledgment number            */
0x50,   0,      0x10,   0xff,   /* 4bit-header_len, 4bit-offset
                                   F|S|R|P|A|Urg, 2bit-offset,
                                   window size                     */
0,      0,      0,      0,      /* checksum, Urg-offset             */
                                /* optional options                */

/*'T','E','S','T',' ',':','T','C','P','!'    some optional data    */
};



int flood_host_tcp(char *source_host, char *target_host,
                   u_short src_port, u_short dst_port,
                   u_long packet_count)
/*
 *  flood host on the net with tcp packets for brute-force-attack
 *
 *  packet_count: how many packets will be sent to dst_host
 */
{
unsigned short  chk_sum;
u_long          x;

/* translate source hostname to ip address */

if( (he=gethostbyname(source_host)) ==NULL)
        {
        fprintf(stderr,"flood_host_tcp: can't resolve source hostname\n");
        return(FAILURE);
        };

bcopy(*(he->h_addr_list),(tcp_gram+12),4);


/* translate destination hostname to ip address */

if( (he=gethostbyname(target_host)) ==NULL)
        {
        fprintf(stderr,"flood_host_tcp: can't resolve destination hostname\n");
        return(FAILURE);
```

```
        };
bcopy(*(he->h_addr_list),(tcp_gram+16),4);


*(u_short*)(tcp_gram+20)=htons(src_port);    /* set source port      */
*(u_short*)(tcp_gram+22)=htons(dst_port);    /* set destination port */


p=(struct sockaddr_in*)&sa;                  /* prepare socket       */
p->sin_family=AF_INET;
bcopy(*(he->h_addr_list),&(p->sin_addr),sizeof(struct in_addr));


/* mandatorial tcp checksumming */

chk_sum = tcp_chksum(&tcp_gram[20], 20, &tcp_gram[12], &tcp_gram[16]);

*(u_short*)(tcp_gram+36)=htons(chk_sum);     /* put chksum in frame  */


/* create the transport endpoint now, use IPPROTO_RAW to compose    */
/* own packets                                                      */

if((fd=socket(AF_INET,SOCK_RAW,IPPROTO_RAW))== -1)
        {
        perror("flood_host_tcp: socket");
        return(FAILURE);
        };


#ifdef DEBUG
for(x=0;x<(sizeof(tcp_gram)/sizeof(u_char));x++)
        {
        if(!(x%8)) putchar('\n');
        printf(" %02x",tcp_gram[x]);
        };
putchar('\n');
#endif

/* send the packet(s)                                               */

for(x=0;x<packet_count;x++){
        if((sendto(fd,&tcp_gram,sizeof(tcp_gram),0,
                (struct sockaddr*)p,sizeof(struct sockaddr)))== -1)
                {
                perror("flood_host_tcp: sendto");
                return(FAILURE);
```

```
            };
    }


    return(SUCCESS);
    }
```

Ersichtlich ist der geringe Aufwand, der sich im wesentlichen aus der Konstruktion des Paketes, der Erzeugung eines Sockets und dem Senden des Paketes zusammensetzt. Die Implementierung im User-Level ist nicht auf Performance optimiert. Aus diesem Grunde kam es teilweise zu Fehlern, die sich aus zeitlichen Engpässen ergaben. Das Nameresolving der Hostnamen zu Internet-Adressen schlug bei Auswahl einer großen Anzahl zu flutender Pakete (etwa >500) fehl, so daß die Funktion mit Fehlerstatus abbrach. Die reelle Implementierung des Protokollhandling ist auf Performance optimiert. Dies zeigt sich zum Beispiel im sehr häufig aufgerufenen Algorithmus für die Checksummenbildung, der in Assembler kodiert wurde. Die Nachbildung im Angreiferprogramm wurde in C verfaßt.

B.1 Lizenzbestimmungen verwendeter Software

Programme und Programmteile, die in dieser Arbeit verwendet wurden, unterliegen der GNU General Public Licence, die im folgenden aufgeführt wird. In den wiedergegebenen Quelltexten in diesem Kapitel wird auf diese Lizenz mit einem kurzen Kommentar am Anfang des Textes hingewiesen. Damit wird ein platzraubendes und wiederholtes Abdrucken der Lizenzbestimmungen vermieden.

GNU GENERAL PUBLIC LICENSE
TERMS AND CONDITIONS FOR COPYING,
DISTRIBUTION AND MODIFICATION

Version 2, June 1991

0. This License applies to any program or other work which contains a notice placed by the copyright holder saying it may be distributed under the terms of this General Public License. The "Program ", below, refers to any such program or work, and a "work based on the Program "means either the Program or any derivative work under copyright law: that is to say, a work containing the Program or a portion of it, either verbatim or with modifications and/or translated into another language. (Hereinafter, translation is included without limitation in the term "modification ".) Each licensee is addressed as "you ".

Activities other than copying, distribution and modification are not covered by this License; they are outside its scope. The act of running the Program is not restricted, and the output from the Program is covered only if its contents constitute a work based on the Program (independent of having been made by running the Program). Whether that is true depends on what the Program does.

1. You may copy and distribute verbatim copies of the Program's source code as you receive it, in any medium, provided that you conspicuously and appropriately publish on each copy an appropriate copyright notice and disclaimer of warranty; keep intact all the notices that refer to this License and to the absence of any warranty; and give any other recipients of the Program a copy of this License along with the Program.

You may charge a fee for the physical act of transferring a copy, and you may at your option offer warranty protection in exchange for a fee.

2. You may modify your copy or copies of the Program or any portion of it, thus forming a work based on the Program, and copy and distribute such modifications or work under the terms of Section 1 above, provided that you also meet all of these conditions:

a) You must cause the modified files to carry prominent notices stating that you changed the files and the date of any change.

b) You must cause any work that you distribute or publish, that in whole or in part contains or is derived from the Program or any part thereof, to be licensed as a whole at no charge to all third parties under the terms of this License.

c) If the modified program normally reads commands interactively when run, you must cause it, when started running for such interactive use in the most ordinary way, to print or display an announcement including an appropriate copyright notice and a notice that there is no warranty (or else, saying that you provide a warranty) and that users may redistribute the program under these conditions, and telling the user how to view a copy of this License. (Exception: if the Program itself is interactive but does not normally print such an announcement, your work based on the Program is not required to print an announcement.)

These requirements apply to the modified work as a whole. If identifiable sections of that work are not derived from the Program, and can be reasonably considered independent and separate works in themselves, then this License, and its terms, do not apply to those sections when you distribute them as separate works. But when you distribute the same sections as part of a whole which is a work based on the Program, the distribution of the whole must be on the terms of this License, whose permissions for other licensees extend to the entire whole, and thus to each and every part regardless of who wrote it.

Thus, it is not the intent of this section to claim rights or contest your rights to work written entirely by you; rather, the intent is to exercise the right to control the distribution of derivative or collective works based on the Program.

In addition, mere aggregation of another work not based on the Program with the Program (or with a work based on the Program) on a volume of a storage or distribution medium does not bring the other work under the scope of this License.

3. You may copy and distribute the Program (or a work based on it, under Section 2) in object code or executable form under the terms of Sections 1 and 2 above provided that you also do one of the following:

a) Accompany it with the complete corresponding machine-readable source code, which must be distributed under the terms of Sections 1 and 2 above on a medium customarily used for software interchange; or,

b) Accompany it with a written offer, valid for at least three years, to give any third party, for a charge no more than your cost of physically performing source distribution, a complete machine-readable copy of the corresponding source code, to be distributed under the terms of Sections 1 and 2 above on a medium customarily used for software interchange; or,

c) Accompany it with the information you received as to the offer to distribute corresponding source code. (This alternative is allowed only for noncommercial distribution and only if you received the program in object code or executable form with such an offer, in accord with Subsection b above.)

The source code for a work means the preferred form of the work for making modifications to it. For an executable work, complete source code means all the source code for all modules it contains, plus any associated interface definition files, plus the scripts used to control compilation and installation of the executable. However, as a special exception, the source code distributed need not include anything that is normally distributed (in either source or binary form) with the major components (compiler, kernel, and so on) of the operating system on which the executable runs, unless that component itself accompanies the executable.

If distribution of executable or object code is made by offering access to copy from a designated place, then offering equivalent access to copy the source code from the same place counts as distribution of the source code, even though third parties are not compelled to copy the source along with the object code.

4. You may not copy, modify, sublicense, or distribute the Program except as expressly provided under this License. Any attempt otherwise to copy, modify, sublicense or distribute the Program is void, and will automatically terminate your rights under this License. However, parties who have received copies, or rights, from you under this License will not have their licenses terminated so long as such parties remain in full compliance.

5. You are not required to accept this License, since you have not signed it. However, nothing else grants you permission to modify or distribute the Program or its derivative works. These actions are prohibited by law if you do not accept this License. Therefore, by modifying or distributing the Program (or any work based on the Program), you indicate your acceptance of this License to do so, and all its terms and conditions for copying, distributing or modifying the Program or works based on it.

6. Each time you redistribute the Program (or any work based on the Program), the recipient automatically receives a license from the original licensor to copy, distribute or modify the Program subject to these terms and conditions. You may not impose any further restrictions on the recipients' exercise of the rights granted herein. You are not responsible for enforcing compliance by third parties to this License.

7. If, as a consequence of a court judgment or allegation of patent infringement or for any other reason (not limited to patent issues), conditions are imposed on you (whether by court order, agreement or otherwise) that contradict the conditions of this License, they do not excuse you from the conditions of this License. If you cannot distribute so as to satisfy simultaneously your

obligations under this License and any other pertinent obligations, then as a consequence you may not distribute the Program at all. For example, if a patent license would not permit royalty-free redistribution of the Program by all those who receive copies directly or indirectly through you, then the only way you could satisfy both it and this License would be to refrain entirely from distribution of the Program.

If any portion of this section is held invalid or unenforceable under any particular circumstance, the balance of the section is intended to apply and the section as a whole is intended to apply in other circumstances.

It is not the purpose of this section to induce you to infringe any patents or other property right claims or to contest validity of any such claims; this section has the sole purpose of protecting the integrity of the free software distribution system, which is implemented by public license practices. Many people have made generous contributions to the wide range of software distributed through that system in reliance on consistent application of that system; it is up to the author/donor to decide if he or she is willing to distribute software through any other system and a licensee cannot impose that choice.

This section is intended to make thoroughly clear what is believed to be a consequence of the rest of this License.

8. If the distribution and/or use of the Program is restricted in certain countries either by patents or by copyrighted interfaces, the original copyright holder who places the Program under this License may add an explicit geographical distribution limitation excluding those countries, so that distribution is permitted only in or among countries not thus excluded. In such case, this License incorporates the limitation as if written in the body of this License.

9. The Free Software Foundation may publish revised and/or new versions of the General Public License from time to time. Such new versions will be similar in spirit to the present version, but may differ in detail to address new problems or concerns.

Each version is given a distinguishing version number. If the Program specifies a version number of this License which applies to it and "any later version ", you have the option of following the terms and conditions either of that version or of any later version published by the Free Software Foundation. If the Program does not specify a version number of this License, you may choose any version ever published by the Free Software Foundation.

10. If you wish to incorporate parts of the Program into other free programs whose distribution conditions are different, write to the author to ask for permission. For software which is copyrighted by the Free Software Foundation, write to the Free Software Foundation; we sometimes make exceptions for this.

Our decision will be guided by the two goals of preserving the free status of all derivatives of our free software and of promoting the sharing and reuse of software generally.

NO WARRANTY

11. BECAUSE THE PROGRAM IS LICENSED FREE OF CHARGE, THERE IS NO WARRANTY FOR THE PROGRAM, TO THE EXTENT PERMITTED BY APPLICABLE LAW. EXCEPT WHEN OTHERWISE STATED IN WRITING THE COPYRIGHT HOLDERS AND/OR OTHER PARTIES PROVIDE THE PROGRAM "AS IS "WITHOUT WARRANTY OF ANY KIND, EITHER EXPRESSED OR IMPLIED, INCLUDING, BUT NOT LIMITED TO, THE IMPLIED WARRANTIES OF MERCHANTABILITY AND FITNESS FOR A PARTICULAR PURPOSE. THE ENTIRE RISK AS TO THE QUALITY AND PERFORMANCE OF THE PROGRAM IS WITH YOU. SHOULD THE PROGRAM PROVE DEFECTIVE, YOU ASSUME THE COST OF ALL NECESSARY SERVICING, REPAIR OR CORRECTION.

12. IN NO EVENT UNLESS REQUIRED BY APPLICABLE LAW OR AGREED TO IN WRITING WILL ANY COPYRIGHT HOLDER, OR ANY OTHER PARTY WHO MAY MODIFY AND/OR REDISTRIBUTE THE PROGRAM AS PERMITTED ABOVE, BE LIABLE TO YOU FOR DAMAGES, INCLUDING ANY GENERAL, SPECIAL, INCIDENTAL OR CONSEQUENTIAL DAMAGES ARISING OUT OF THE USE OR INABILITY TO USE THE PROGRAM (INCLUDING BUT NOT LIMITED TO LOSS OF DATA OR DATA BEING RENDERED INACCURATE OR LOSSES SUSTAINED BY YOU OR THIRD PARTIES OR A FAILURE OF THE PROGRAM TO OPERATE WITH ANY OTHER PROGRAMS), EVEN IF SUCH HOLDER OR OTHER PARTY HAS BEEN ADVISED OF THE POSSIBILITY OF SUCH DAMAGES.

END OF TERMS AND CONDITIONS

Literaturverzeichnis

[ABRAMS]   Abrams, M.D. u.a.: Network Security: Protection Re-
                  ference Model and the TCSEC, IEEE Network 04/87

[BELLOVIN]   Bellovin, St.: Security Problems in the TCP/IP Pro-
                  tocol Suite, Computer Communication Review 19(2),
                  02/89

[BEUTELSPACHER]   Beutelspacher, A. u.a.: Datenschutz und Datensicher-
                  heit in Kommunikationsnetzen, DuD 04/88

[BEYER]   Beyer, T.: Sicherheitsprobleme von Computernetzwer-
                  ken, Springer Informatik-Fachberichte 222, 1989

[DINKELBACH]   Dinkelbach, W. u. Hübner, M.: Umsetzung von IT[1]-
                  Sicherheitsanforderungen in UNIX-Umgebungen, DuD
                  03/96

[EICHIN]   Eichin, M.W. u. Rochlis, J.A.: With Microscope and
                  Tweezers: An Analysis of the Internet Virus of Novem-
                  ber 1988, MIT 1989, verfügbar via anonymous FTP
                  von ftp.cert.org,*(technisch detailliert)*

[HESS]   Hess, D.K. u.a.: A Unix Network Protocol Security Stu-
                  dy: Network Information Service, verfügbar via anony-
                  mous FTP von ftp.cert.org

[IOANNIDIS]   Ioannidis,J. Blaze,M.: The Architecture and Imple-
                  mentation of Network-Layer Security Under Unix,
                  verfügbar via anonymous FTP von ftp.cert.org

[JONCHERAY]   Joncheray, L.: A Simple Active Attack Against TCP,
                  1995,verfügbar   via   anony-
                  mous FTP von ftp.cert.org,*(Basis des demonstrierten
                  Desynchronisations-Angriffs in 6.3.4)*

[MORRIS1]   Morris, R.T.: A Weakness in the 4.2BDSD Unix
                  TCP/IP Software, 1985,verfügbar via anonymous FTP
                  von ftp.cert.org

---

[1] Informationstechnik

[MORRIS2]   Morris, R.H. u.a.: UNIX Password Security, Commu-
                 nications of the ACM, 22(11) 594, 11/79

[KENT]   Kent, S.T.: Sequrity Requirements and Protocols for a
                 Broadcast Scenario, IEEE Transactions on Communi-
                 cations No.6 06/81

[PFITZMANN1]   Pfitzmann, A. u.a.: Datenschutz garantierende offene
                 Kommunikationsnetze, INFORMATIK-SPEKTRUM
                 06/88

[RUSHBY]   Rushby, J. u.a.: A Distributed Secure System, IEEE
                 Computer Vol.16 No.7, 07/83

[SAMUELSON]   Samuelson, P.: Can Hackers be sued for damages cau-
                 sed by computer viruses?, Communications of the ACM
                 32(6), 06/89

[SCHLAEGER]   Schläger, U.: Datenschutz in Netzen, DuD 05/95

[STIEL]   Stiel, H.: Löcher im Netz Wege zur Sicherheit in Un-
                 ternehmensnetzen, DATACOM 01/96

[STOLL]   Stoll, C.: Stalking the wily hacker, Communications of
                 the ACM 31(5), 05/88

[VOYDOCK]   Voydock, V.L. u.a.: Security mechanisms in high-level
                 network protocols, ACM Computing Surveys 15(2), Ju-
                 ne 1983

[WECK]   Weck, G.: Sicherheit von CIS-Systemen, DuD 03/95

[ATKINS]   Atkins, D. u.a.: INTERNET SECURITY Professional Reference, New Riders 1996 *(Sehr umfassend als auch praxisorientiert, inkl.CD)*

[CHAOS]   Das Chaos Computer Buch, Reinbek-Verlag 1988

[CHESWICK]   Cheswick, W.R. u.a.: Firewall and Internet Security Repelling the Wily Hacker, Reading 1994 *(Umfassend und anschaulich, perfekt)*

[COMER1]   Comer, D.: Internetworking with TCP/IP VOl.I, Prentice Hall 1991

[COMER2]   Comer, D. u.a.: Internetworking with TCP/IP Vol.III, Prentice Hall 1993

[CURRY]   Curry, D.A.: UNIX System Security: A Guide for Users and System Administrators, Addison-Wesley 1992

[DAVIES]   Davies, D.W. u.a.: Security for Computer Networks, John Wiley &Sons, 1989

[FARROW]   Farrow, R.: UNIX System Security: How to Protect Your Data and Prevent Intruders, Addison-Wesley 1991

[GARFINKEL]   Garfinkel, S. u.a.: Practical UNIX Security, O'Reilly 1993

[KERSTEN]   Kersten, H. (Hg.): Sicherheitsaspekte bei der Vernetzung von UNIX-Systemen, Oldenbourg 1991

[KYAS]   Kyas, O.: Sicherheit im Internet: Risikoanalyse - Strategien - Firewalls, DATACOM 1996

[MUFTIC]   Muftic, S.: Sicherheitsmechanismen für Rechnernetze, Hanser 1992

[PFITZMANN2]   Pfitzmann, A.: Dienstintegrierende Kommunikationsnetze mit teilnehmerüberprüfbarem Datenschutz, Springer 1990

[RULAND1]   Ruland, C.: Datenschutz in Kommunikationssystemen, DATACOM Verlag 1987

[RULAND2]   Ruland, C.: Informationssicherheit in Datennetzen, DATACOM Verlag 1993

[SIYAN]   Siyan, K.: Internet Firewalls &Netzwerksicherheit, SAMS 1995

[STEVENS1]   Stevens, W.R.: Programmieren von UNIX-Netzen, Hanser 92 *(Application-Layer-Programming + C/S-Bible, empfehlenswert)*

[STEVENS2]   Stevens, W.R., Wright, G.R.: TCP/IP Illustrated Volume 2: The Implementation, Addison-Wesley 1995 *(Grundlage für jede Manipulation am Kern der Protokollsuite, BSD-orientiert, sehr detailliert)*

[STEVENS3]   Stevens, W.R.: TCP/IP Illustrated Volume 1: The Protocols, Addison-Wesley 1994

[WOJCICKI]   Wojcicki, M.: Sichere Netze Analysen, Maßnahme, Koordination, Hanser 1991

[BDSG]   Gesetz zum Schutz vor Mißbrauch personenbezog-
                    ener Daten bei der Datenverarbeitung, Bundes-Daten-
                    schutzgesetz (BDSG), Deutscher Bundesverlag 1977

[DOD1]   US-Dept. of Defense: Trusted Computer System Eva-
                    luation Criteria CSC-STD-001-83, Ft. George G. Mea-
                    de, Maryland USA 1983 *Verbesserte Fassung: DoD
                    5200.28-STD 1985*

[DOD2]   US-National Computer Security Center: Trusted Net-
                    work Systems Evaluation Criteria NCSC-TG-005, USA
                    1987

[HADA]   Hamburgischer Datenschutzbeauftragter: Datenschutz
                    in Netzen, 1995

[IEEE802.10]   IEEE 802.10: Standard for Interoperable Local Area
                    Network (LAN) Security (SILS), 1991

[ISO7498-2]   ISO 7498-2: Information Processing Systems - Open
                    Systems Interconnection - Basic Reference Model Part
                    2: Security Architecture

[NIEDA]   Der Landesbeauftragte für den Datenschutz Nieder-
                    sachsen: Orientierungshilfe für den Betrieb von
                    UNIX-Systemen Datenschutz-Prüfkonzept für UNIX-
                    Systeme, 1993

[RFC768]   Postel, J.: User Datagram Protocol, 1980

[RFC783]   Sollins, K.R.: The TFTP Protocol (Revision 2), 1981

[RFC791]   Postel, J.: Internet Protocol, DARPA 1981

[RFC792]   Postel, J.: Internet Control Message Protocol, DARPA
                    1981

[RFC793]   Postel, J. (Ed.): Transmission Control Protocol, DAR-
                    PA 1981

[RFC821]   Postel, J.: Simple Mail Transfer Protocol, 1982

[RFC826]   Plummer, J.: Adress Resolution Protokoll, DARPA
                    1982

[RFC827]   Rosen, E.: Exterior Gateway Protocol (EGP), 1982

[RFC830]   Zaw-Sing Su: A Distributed System for Internet Name
                    Service, SRI 1982

[RFC854]   Postel, J., Reynolds, J.: TELNET PROTOCOL SPE-
                    CIFICATION, ISI 1983

[RFC903]   Finlayson, R., Mann, T., Mogul, J., Thimer, M.: A Re-
                    verse Address Resolution Protocol, Stanford University
                    1984

[RFC951]   Croft, B., Gilmore, J.: BOOTSTRAP PROTOCOL
                    (BOOTP), 1985

[RFC959]   Postel, J., Reynolds, J.: FILE TRANSFER PROTO-
                    COL (FTP), ISI 1985

[RFC1014]   Sun Microsystems, Inc.: XDR: External Data Repre-
                    sentation Standard, 1987

[RFC1057]   Sun Microsystems, Inc.: RPC: Remote Procedure Call
                    Protocol Specification Version 2, 1988

[RFC1094]   Sun Microsystems, Inc. NFS: Network File System Pro-
                    tocol specification, 1989

[RFC1752]   Bradner, S., Mankin,A.: The Recommendation for the
                    IP Next Generation Protocol, 1995

[RFC1825]   Atkinson, R.: Security Architecture for the Internet
                    Protocol, Naval Research Laboratory 1995

[RFC1826]   Atkinson, R.: IP Authentication Header, Naval Rese-
                    arch Laboratory 1995

[RFC1827]   Atkinson, R.: IP Encapsulating Security Payload
                    (ESP), Naval Research Laboratory 1995

[TDSV]   Deutsche Telekom: Telekom-Datenschutzverordnung
                    (TDSV)

[TIDSV]   Deutsche Telekom: Telekommunikations- und Informa-
                    tionsdienstunternehmen-Datenschutzverordnung
                    (TIDSV)

[UDSV]   Deutsche   Tele-
                    kom: Teledienstunternehmen-Daten schutzverordnung
                    (UDSV)

[X/OPEN]   X/OPEN: X/OPEN Security Guide, Prentice Hall 1989

[ZSI]   Zentralstelle für Sicherheit in der Informationstechnik
                    ZSI: Kriterien für die Bewertung der Sicherheit von Sy-
                    stemen der IT, Bundesanzeiger Verlag 1989

Index

Kurzprofil und Werdegang

Persönliche Daten

Name:	Albrecht, Stefan
Adresse:	Bänschstr.35, 10247 Berlin
Telefon:	0172 3015711
Email:	Stefan.Albrecht@xpoint.de
Geburtsdatum:	28.03.1969
Geburtsort:	Berlin
Familienstand:	Ledig

Ausbildung und Berufsweg

1975 – 1985	Polytechnische Oberschule, Berlin
1985 – 1988	Berufsausbildung mit Abitur, Lehrberuf Koch, Berlin
1988 – 1988	Operatortätigkeit Rechenzentrum, Gummiwerke Berlin
1988 – 1990	Grundwehrdienst
1990 – 1997	Studium Informatik, Technische Universität Dresden Diplomarbeit: " Unsicherheit in lokalen Netzen ", Prof.Dr.A. Schill Note – sehr gut – , Abschluß mit Titel Diplom-Informatiker Nebenfach: Betriebswirtschaftslehre
1992	Selbständigkeit; Gründung XPoint Computerservice GbR mit Heiko Böhm und Axel Burchardt, Geschäftszweck: " Handel und Service EDV-Technik "; speziell Netzwerke und damit zusammenhängende Dienstleistungen, hauptsächlich gewerbliche Kunden z. Zt. 4 Angestellte, 2 Filialen, Jahresumsatz ca. 3 Mio DM
1998 – 2000	Zertifizierung " Microsoft Certified Systems Engineer (MCSE) " mit Teilprüfungen " Microsoft Certified Professional ": - 067 Implementing and Supporting NT™ Server 4.0 - 059 Internetworking with Microsoft® TCP/IP on Microsoft® Windows NT™ 4.0 - 058 Networking Essentials - 068 Implementing and Supporting NT™ Server 4.0 in the Enterprise - 098 Implementing and Supporting Microsoft® Windows® 98 - 081 Implementing and Supporting Microsoft® Exchange Server 5.5

2001	IT-Trainer-Tätigkeit auf freiberuflicher Basis bei New Horizons Computer Learning Center, u.a. Linux und XPoint-Kunden, u.a. MS-Produkte Internet Explorer, Outlook/Outlook Express, Windows 2000 Professional
	Weiterbildung für Nachweis Didaktischer Fähigkeiten bei IPM
	Weiterbildung Microsoft „Designing a Secure Microsoft Windows 2000 Network" (M2150)
	Zertifizierung "Microsoft Certified Trainer (MCT)"
2002	
	Lfd. Re-Zertifizierung MCSE-W2K bis 30.04.2002

Sonstige Fähigkeiten und Kenntnisse

Zielorientiertes Arbeiten
Belastbarkeit und Flexibilität
Lernfähigkeit
Führerschein Klasse 3
Englisch in Wort und Schrift

Haupttätigkeitsfelder und berufliche Interessen

- Consulting, Planung, Umsetzung und Administration von Datennetzen; speziell strukturierte Verkabelungen nach TIA-Kategorie 5-7 und Lichtwellenleiterbasierte sowie heterogene LAN/WAN-Umgebungen im Microsoft®-, Linux- und Novell-Umfeld sowie WAN-Dienste/Remote Control/Telematik auf der Basis von BINTEC-Routern
- Consulting, Planung, Umsetzung und Administration von internetbasierten Diensten auf der Basis von SuSE/Red-Hat-Linux, speziell Webhosting und –design, Email-Messaging, Datensicherheit und Kryptographie
- Security-Lösungen Firewalls/VPN
- EDV-Gestützte Betriebsführung und –controlling, speziell auf der Basis von Sage KHK Classic Line

Berufliche Ziele

- Aktualisierung der " Microsoft Certified Systems Engineer " - Qualifikation auf der Basis von Microsoft® Windows™ 2000 Server und Microsoft® Exchange 2000 Server
- Ausbau der Schulungstätigkeit als EDV-Trainer
- Aufbau eines technischen Dokumentationssystems und Knowledge Base auf der Basis von Apache-Webserver/MySQL-Datenbank/PHP-Scripting

Persönliche Interessen

Lesen, Freundschaften, Techno-Musik und –Parties

Auf Anfrage können Referenzen, die im Zusammenhang mit den angegebenen Informationen stehen, gern angefordert werden.

Berlin, 08.02.2002

Stefan Albrecht

Wissensquellen gewinnbringend nutzen

Qualität, Praxisrelevanz und Aktualität zeichnen unsere Studien aus. Wir bieten Ihnen im Auftrag unserer Autorinnen und Autoren Wirtschaftsstudien und wissenschaftliche Abschlussarbeiten – Dissertationen, Diplomarbeiten, Magisterarbeiten, Staatsexamensarbeiten und Studienarbeiten zum Kauf. Sie wurden an deutschen Universitäten, Fachhochschulen, Akademien oder vergleichbaren Institutionen der Europäischen Union geschrieben. Der Notendurchschnitt liegt bei 1,5.

Wettbewerbsvorteile verschaffen – Vergleichen Sie den Preis unserer Studien mit den Honoraren externer Berater. Um dieses Wissen selbst zusammenzutragen, müssten Sie viel Zeit und Geld aufbringen.

http://www.diplom.de bietet Ihnen unser vollständiges Lieferprogramm mit mehreren tausend Studien im Internet. Neben dem Online-Katalog und der Online-Suchmaschine für Ihre Recherche steht Ihnen auch eine Online-Bestellfunktion zur Verfügung. Inhaltliche Zusammenfassungen und Inhaltsverzeichnisse zu jeder Studie sind im Internet einsehbar.

Individueller Service – Gerne senden wir Ihnen auch unseren Papierkatalog zu. Bitte fordern Sie Ihr individuelles Exemplar bei uns an. Für Fragen, Anregungen und individuelle Anfragen stehen wir Ihnen gerne zur Verfügung. Wir freuen uns auf eine gute Zusammenarbeit.

Ihr Team der Diplomarbeiten Agentur

Diplomica GmbH
Hermannstal 119k
22119 Hamburg

Fon: 040 / 655 99 20
Fax: 040 / 655 99 222

agentur@diplom.de
www.diplom.de

www.ingramcontent.com/pod-product-compliance
Lightning Source LLC
LaVergne TN
LVHW092341060326
832902LV00008B/756